АНЖЕЛА БОРУХОВА

ПОД МУЗЫКУ,

И НЕ ТОЛЬКО...

НЬЮ ЙОРК

2012

Анжела Борухова

ПОД МУЗЫКУ, И НЕ ТОЛЬКО...

Главный редактор Рафаэль Некталов
Редактор Юрий Цырин
Цветные иллюстрации – Оскар Манджарес

PRINTED IN THE UNITED STATES OF AMERICA

ISBN 978-0-9829750-6-0

В книгу «Под музыку, и не только...» включены рассказы и стихи, написаные Анжелой Боруховой в течение 18-ти лет её жизни в США. Все произведения ярко отражают процессы взросления автора, обретения Анжелой опыта любви и боли, постижения себя в настоящем, прошлом и будущем. Её стихи актуальны, музыкальны и интересны, поскольку всегда рассказывают о реальных человеческих отношениях и о её четкой позиции к происходящему.

Included in the book "With Music and Not Only..." are stories and poems that are written by Angela Bourkhov over her 18 years of life in the United States. All works reflect the author's process of growth, her aquired experience of love and pain as well as her formation of a woman in her present, past and future. Her poems are relevant to life, musical and interesting since they reflect the reality of personal relationships and her exact position to what is happening.

ПОЙ ПЕСНЮ, ПОЭТ!

О ПЕРВОЙ КНИГЕ АНЖЕЛЫ БОРУХОВОЙ

«Под музыку, и не только...» – первый сборник стихов и рассказов Анжелы Боруховой, объединенных в четыре раздела. Сборник подытожил творческие стремления и душевные терзания современной женщины. Ей за короткое время пришлось покинуть родной Ташкент, поменять страну, континент, профессию, языки общения, чтобы почувствовать радость свободы и вернуть попранное чувство собственного достоинства и всепоглощающей любви.

Несмотря на сопутствующие этому огромные лишения, потери, предательство, трудности, она смогла достичь высот, к которым стремилась, осуществить задуманное. И если говорить о том, как может осуществиться американская мечта в отдельно взятой судьбе бухарско-еврейской женщины XXI века, то жизнь и творчество Анжелы Боруховой тому яркий пример.

Уроженка Ташкента, города с особыми литературными русскими традициями, она росла очень романтичной и веселой девочкой. Закончив медучилище, поступает в пединститут с намерением стать логопедом, помогать детям говорить чисто и связно.

Затем – раннее замужество, репатриация, мать-одиночка, иммиграция...

Перемены, реальность, вошедшие в судьбу молодой советской женщины, начинающей жизнь в новых странах, оказались далеки от её прежних представлений «о загранице». Но не смогли изменить романтической восторженности Анжелы и поэтической направленности её жизни. Вроде не до стихов – а она пишет, и уж, конечно, не до песен – а она поёт, записывает диски.

Она сотрудничает с известными композиторами, педагогами, постигая секреты вокального искусства и актерского мастерства. В дуэте с Эдурадом Калантаровым, метром узбекской советской эстрады, ныне американским композитором, она проявила себя и в этом качестве.

Я давно и пристально слежу за её творчеством. Анжела не просила меня знакомиться с её стихами, но я не мог пройти мимо них, не воспринять с волнением и глубоким уважением её поэтический мир – трепетные и взволнованные откровения женщины-иммигрантки, стремящейся донести до читателя своё представление о счастье, женском достоинстве. Если учесть, что бухарско-еврейская литература и поэзия были в основном уделом мужской части общины, то можно понять мой неподдельный интерес к самовыражению представительницы её прекрасной половины. Я осознал, что бухарско-еврейская поэтесса способна передать подлинные чувства, правдивые обстоятельства жизни, высокое стремление творить, горечь дум и терзаний, поражений – честно, талантливо, правдиво и художественно.

Творчество Боруховой синкретично: рассказы и стихи, стихи-песни, вокальное исполнительство. Одно плавно вытекает из другого, представляя творческий процесс: могу написать прозу, могу представить её в поэтической форме, но самое желанное – исполнить песню на свои стихи. Порой, и наоборот. Это не пересказ или перепев текста, а желание представить тему с разных сторон, в ином ракурсе.

Причем Борухова способна прекрасно представить публике свои произведения, так как наделена незаурядными актерскими способностями. В этом плане Анжеле присуща характеризующая восточную, бухарско-еврейскую поэзию черта: чтец – он и «хонанда», то есть певец. Вот так она и идет по жизни.

И если учесть, что Анжела Борухова трудится полный рабочий день как педагог школы, отдает немало времени воспитанию любимой дочери, а ещё принять во внимание, что художественная деятельность требует и времени, и творческой сосредоточенности, становится, очевидным: перед нами не просто человек, одержимый желанием творить и радовать своих читателей и слушателей, но и умеющий достигать поставленных целей.

Отрадно, что сборник выполнен при активном и самом непосредственном участии её супруга Александра – вдохновителя её творческого взлета.

Борухова не намеревалась выпускать этот сборник и долго довольствовалась публикациями в ставшем ей родным журнале «Надежда», с которого она начинала свой творческий путь в Америке, и в газете *The Bukharian Times*, где также публиковались её стихи, интервью, размышления о непростой педагогической деятельности в школе с детьми с ограниченными возможностями. Будучи требовательной, в первую очередь к себе, она чувствует огромную ответственность перед читателем, перед самим фактом наличия авторского сборника.

Однако мне удалось убедить её в необходимости его издания. Потому что – Анжела талантлива!

Талантливый человек всегда загадочен. Даже когда он публикуется, и, казалось бы, очень открыт, способен выйти на контакт с теми, кому он адресует своё творчество, многое ещё нам предстоит раскрыть в нём. Анжела умеет шутить, порой саркастически. При всей лиричности её творчества, она еще способна поразить нас своими очень точными, в чём-то едкими эпиграммами. На этой почве некто собирался её депортировать из страны! Это ли не признание! К счастью есть «первая поправка» к Конституции США, надежно поддерживающая пишущую гильдию в стране. Но, предстань Борухова перед прокурором, она бы защитилась без адвоката благодаря своей покоряющей искренности. Ей нельзя не верить. Она правдива.

Анжела всем своим существом – художник. Её жизнь и обстоятельства сложились так, что она должна была обязательно заговорить, запеть в полный голос. И, услышав её однажды, понимаешь и принимаешь её такой, какая она есть

Поэтичный фильм «Зеркало» А.Тарковского начинается несколько будничной сценой в кабинете психолога, который пытается помочь юноше-заике: «Скажи громко: я могу говорить! Если ты скажешь сейчас, ты будешь говорить всю жизнь!». Своей волей психолог освободила парня от прошлого, фобий, заставив почувствовать себя другим.

Анжела Борухова свершила подвиг, оказавшись в новой, свободной стране: она поняла, что не может не писать, не читать людям свои стихи, не петь – и, найдя в себе силы, собрав в кулак свою творческую волю, навёрстывает упущенное:

Ищу гармонии с любимым,
Ищу гармонии с людьми.
Мой поиск непоколебимый,
Звук, поддержи и не сломи!

Сборник произведений Анжелы Боруховой не должен восприниматься как случайный, выросший вопреки всему на камне цветок, сочетание сверхусилий автора и воли судьбы. «Под музыку, и не только...» – это доверительный монолог женщины, способной творить и озарять читателей чувством единения с автором – человеком, который может и должен быть счастливым.

Рафаэль НЕКТАЛОВ,
председатель Союза бухарско-еврейских писателей, поэтов и журналистов США и Канады

От автора

Дорогой читатель!

Идея создания сборника «Под музыку, и не только...» изначально принадлежит главному редактору журнала “Надежда” Э.М.Катанову. Поэтому в книгу задумывалось включить исключительно только те стихи и тексты моих песен, которые регулярно печатались в журнале «Надежда» на протяжении 16-ти лет. Хотя книга получилась другой, большое спасибо Эдуарду Михайловичу за идею создания книги.

Но выносить стихи и песни на ваш суд я долго не решалась, поскольку считала свои стихи незавершёнными, сборник неполным, а книгу очень ответственным делом. Огромную признательность хочется выразить Рафаэлю Некталову, председателю Союза бухарско-еврейских писателей, поэтов и журналистов США и Канады, человеку, разделившему и развеявшему все мои сомнения, назвав их естественными. Свою помощь и поддержку Рафаэль проявил, познакомив меня с человеком, любезно согласившимся стать моим редактором, одновременно продолжая редактировать еженедельную газету The Bukharian Times. Огромное спасибо доктору технических наук, изобретателю, редактору газеты The Bukharian Times и просто прекрасному человеку Юрию Цирину, благодаря которому книга и получилась такой, какой вы её читаете.

Начав свои поэтические откровения, я почувствовала желание пополнить их своими рассказами, в которых и объясняются причины рождения особенно дорогих мне стихов и песен. Но и рассказы, как показалось мне, не смогли завершить созданные мною образы до конца. Большое человеческое спасибо моему другу бразильскому художнику Оскару Манджарэсу за совершенно исключительные работы, наполненные светом и любовью, ставшими цветными иллюстрациями, выполненными специально для моих стихов. Его картины смогли полностью завершить мои поэтические образы эмоционально-красочно.

Я благодарна самому терпеливому, выносливому, сильному и верному своему слову, моему личному критику, умеющему выслушивать до конца все нелогичные женские доводы и убеждения, тонко чувствовать и спокойно переубеждать во имя одного единственного решения, которое и может называться победным – моему мужу и другу Саше. Огромное спасибо за присутствие, участие, сопереживание, постоянный и неподдельный интерес ко всему, что я чувствую, проживаю и делаю.

Спасибо моим двум самым первым слушательницам и зрительницам, адвокатам и защитницам, людям, любящим меня за то что я есть – маме Нине и дочке Илоне.

Благодарю своего коллегу по журналу «Надежда», поэта и друга Эдуарда Ниязова за постоянную помощь в издании сборника и за его строки, адресованные мне, продолжающие поддерживать меня:

Я знаю, чем Вы платите взамен
За погруженье в мирозвучья бездну
И за общенье с тем, кто будто нем.
Тем, что потом случится, то известно:
Всё так же будет мало чистоты,
Не поддадутся многие красоты,
Но вновь и вновь во славу высоты
Вы будете сжигать слова и ноты.

Желаю Вам, дорогой читатель, приятного путешествия по страницам этого сборника.

О себе

Я никому не пригодилась
Там, где когда-то родилась,
И многое уже забылось,
С тех пор, как с якоря снялась.

Мою любовь, друзей любимых
До слёз мне больно вспоминать.
В тех днях, и чистых, и красивых,
Я не умела выбирать.

За всё пришлось по высшей мере
Платить мне в жизни
до тех пор,
Пока меж всех, кому я верю,
Моя судьба вела отбор.

Не удалось штормам высоким
Кораблик слабый потопить –
Мне,
вопреки и дням жестоким,
И хмурым дням,
хотелось жить.

Апрель 2008

- ♫ - ♫ - ♫ -

МГНОВЕНИЯ ЛЮБВИ

Свет робкого нежного чувства
Хранят беспокойные глазки.
Любовь, как большое искусство,
Таит в себе разные краски...

Письмо с уведомлением

«Единственная литература, которую человек может перечитывать всегда с одинаковым наслаждением и упоением – это любовное письмо».

Профессор Квинс Колледжа
Ричард Фельдман

Моя речь иногда прерывалась внезапными паузами, дыхание учащалось, а потом вырывался тихий стон от боли в груди... Ты был свидетелем развязки, происходившей в моей жизни. Она возмущала тебя до такой степени, что желваки и скулы на твоём лице непроизвольно перемещались от обиды на меня.

– Ты родишь, когда приедешь в Америку! – с негодованием говорил ты.

Моё тяжёлое эмоциональное состояние ты неудачно решил сравнить с родами, которые, как известно, завершаются облегчением. Но роды-то длятся от нескольких часов до нескольких дней, а моё состояние продолжалось уже около года и теперь дополнялось физическими муками. Тяжело становилось дышать, и боль от сердца распространялась по всей левой стороне тела.

– Ты думаешь, я до неё доеду? – спрашивала я с недоверием.

Несмотря на то, что для моего отъезда всё было сделано, я всё же не была уверена, что выживу.

...До Америки-то я доехала, но только это были далеко не роды, образ которых вдруг предложило твоё, с позволения сказать, творческое воображение. Свой отъезд я бы сравнила с оживлением мертвеца.

Если, дорогой мой друг, тебя тянет к образному мышлению, то позволь задать тебе вопрос. Знаешь ли ты, что такое человек, пригвождённый к аппарату искусственного дыхания? По большому счету таким человеком ощущала себя и я – с первого же дня своего замужества. Ведь я была лишена голоса, лица и всех своих желаний. Мною манипулировал каждый член семьи моего мужа – и через пять лет я превратилась в человека, который практически в жизни уже не числится, чьё жалкое существование уже ни для кого не имело значения. Брак зомбировал меня, контролировалось каждое моё движение. Мне подчас казалось, что мои руки, ноги и голова плотно прикреплены к кровати, чтобы я не двигалась. А под конец ощущала, что теряю способность самостоятельно дышать. Пять лет я чувствовала себя живым трупом в этой семье.

Вот в таком скованном, зомбированном состоянии я вдруг увидела перед собой лицо человека, который спокойно сообщил мне, что моя жизнь – в моих собственных руках. Просто требуется избавиться от аппарата, снять фиксаторы и зонды. Другими словами – уж прости столь неизысканное выражение мыслей – собраться с силами и уйти из своей семьи, а значит, порвать с мужем. Но если вернуться к любимой тобою метафоричности, то, по мнению этого человека, расставаться с больничными атрибутами нужно потихоньку, медленно, потому что многие из трубок уже срослись с моим телом, стали его частями, а вернее, привычными деталями моей жизни. К сожалению, человек ко всему привыкает. И я привыкла к своему противоречивому существованию, хотя сломаться и смиренно жить наперекор себе – буду абсолютно искренней – у меня не получилось...

Таксист, которому я заплатила за двое суток вперёд, чтобы он приехал без опоздания и отвёз меня в аэропорт, не приехал. Дрожащим голосом я вызвала к дому такси. Машина приехала без опоздания. Взяла в руки спящего ребёнка, повесила сумку на плечо... Села.

Я заплатила таксисту тройную цену, чтобы он сопровождал меня до самолёта. Он взял деньги и стал извиняться за то, что не может сопровождать меня. В аэропорту, привезя нас к терминалу, снова извинялся, а затем пошёл к своей машине...

Я боялась рассвета, солнца, дня. Как хотелось потеряться, раствориться в этой страшной и последней для меня израильской ночи. Но нужно было через всё это пройти. Вдруг у кабины проверки паспортов движение вперёд прекратилось. Минута ощущалась часом. Служащие куда-то звонили, чего-то добивались от компьютера, листали книги и всё никак не давали нам пройти. И вот, я, наконец, переступила белую черту и была на территории Америки в Израиле. Теперь оставалось совсем чуть-чуть. Оставалось сесть в самолёт. А его всё не подавали и не подавали. Я ждала и ждала.

Моя полуторагодовалая девочка вела себя героически, молчаливо. Её сон был потревожен, но она не плакала. Она то засыпала, то просыпалась. Мучилась вместе со мной, но не плакала. Мы переносили весь ужас вдвоём. Я просила у дочки прощения за свою страшную ошибку. Сколько и как мы вдвоём должны будем платить за неё в нашей дальнейшей жизни?..

Если бы ты видел меня в эту ночь! Жаль, что не видел. То я молилась Богу, прося его не наказывать меня больше после уже пережитого наказания, то я натягивала наушники плейера, чтобы не слышать собственных мыслей. Но мысли разрывали голову на клочки...

И вот на табло я увидела свой рейс. Напряжение, нараставшее во мне всё это время, достигло своей верхней точки. Я прижалась локтем к стенке и приросла к ней спиной. Сознание моё помутилось. Мне вдруг ясно померещилось, что кто-то сильной крепкой рукой потянул, а затем дёрнул все мои трубочки и вырвал их с мясом из моего тела. Мне было так больно, что я вскрикнула. И меня отключили от аппарата. Дыхание моё сбилось, руки ослабли, а ребёнок выкатился из рук. Ноги мои обмякли – я стала скользить по стенке вниз. Меня обволакивал тонкий пронзительный гул. В глазах сначала всё мелькало, затем стало темно...

Когда кто-то приоткрыл мои веки, я увидела своего ребёнка в чьих-то руках. Дочка плакала. Ничего не слыша и не понимая, собрав свои последние силы, я поднялась и стала вырывать её из этих рук. Вырвала – стало спокойнее... Какие-то люди держали меня под руки, сопровождая по длинному коридору к самолёту...

Самолёт. Перед тем как сделать шаг из коридора внутрь его, я поцеловала самолёт за то, что он увезёт меня в желанную страну из этой жизни под названием брак, – жизни, которая меня и раздавила. Была уничтожена прежняя я. Были уничтожены те взгляды на жизнь и на семью, которые вкладывались в меня с рождения.

Мораль, которая соответствовала неписаным законам предков, изжила себя, так как оказалась непригодной для моей реальной жизни. Живым во мне осталось только сердце – единственный орган, выносивший на себе весь кошмар под названием «семейное счастье», который ещё как-то меня связывал с жизнью и заставлял жить дальше. Но как? А главное, зачем?

Самолёт увозил меня из этой страны, но он не мог увезти меня или хотя бы отделить от моего прошлого. Оно оставалось во мне и продолжало съедать меня...

Ты – единственная мысль, которая была мне приятна. Я буду лучше себя чувствовать, думая о тебе. Ты – канат, что от солнца свешен...

Что произошло за последние две недели? Как тебе удалось в течение этого короткого времени сделать то, что не удавалось сделать за последние пять лет ни моей матери, ни друзьям, ни близким? Почему я послушалась именно тебя? И почему я вдруг на тебя вышла? Одно из двух. Либо потому что судьба устала посылать мне тревожные сигналы, и решилась наконец-то помочь мне радикально. Либо потому что в последний момент, когда полностью истощена нервная система, и разум уже не властен, человеком правит единственный сохранившийся инстинкт – самосохранения. И я инстинктивно вышла на тебя. И поняла, что твоё решение – единственное, а всё остальное – продление собственной казни и смерти.

– Ты не можешь развестись здесь в Израиле, а потом уехать. У тебя нет для этого сил. Пойми, ты – одна. Тебе нужна поддержка твоих родных, мамы, а все они в Америке. Ты не сможешь одна, ослабленная и измученная, противостоять этой шайке бандитов. Ты проиграешь. Кто за тебя поднимет дочь? Оставишь её на съедение волкам? Разводиться ты будешь в Америке. А сейчас – уезжай.

– Ты знаешь, какой весёлой девчонкой я была? Как я пела, танцевала, веселила и смешила всех, кто был рядом со мной?

– Да, конечно, я помню. Я помню тебя с 15-ти лет. Я знаю, что ты опять **будешь** писать стихи и петь свои песни. **Обязательно**!!! Но когда?.. Скажи-ка мне сама, когда это будет, и что тебе нужно для того, чтобы всё это снова началось!

Твоё требование заставило меня задуматься. Трудно и медленно я пришла к выводу, который – о Боже! – вдруг произнесла вслух, а, услышав свои собственные слова, была потрясена, впервые полностью осознав ужас своего положения:

–... Когда его не будет.

Ты выдохнул с облегчением, а затем сказал:

– Всё... Ну, вот и всё. Ты сама это сказала, потому что ты сама это поняла. Теперь ты свободна.

...Отношения с моим бывшим мужем с первой же встречи развивались по типу «жертва – палач». Всё было очень неприятно с первой минуты. И с первой же минуты я почувствовала свою биологическую необходимость для его существования. Поскольку его жалкое существо в избытке вырабатывало отрицательную энергию, которую никто и никогда не желал принимать. Ко времени нашей встречи она переполняла всего его и выплёскивалась наружу.

Мой муж... Глубоко несчастное, всеми ненавистное, презренное и отвергнутое существо. Существо до болезненности завистливое, жестокое и трусливое, хвастливое и брехливое, которое так просило сочувствия. Существо, которое я пожалела и которому открыла свою душу.

Да, это была именно я, переполненная юмором, сорившая анекдотами и цитатами на каждом шагу, полная стихов, музыки, песен и любви – к людям, миру, жизни. Наконец-то он встретил ту щедрую доброту, из которой мог напрямую качать энергию, за счёт чего и мог сам существовать, отдавая обратно скопленные нечистоты всей своей низменной сути. Потому все те пять лет он со мной всегда так хорошо себя чувствовал, и я всегда была так ему необходима. И потому-то я всегда болела с этим человеком, а под конец чувствовала что умираю. Мой муж – мой психологический вампир. Существо без света, которое выключило свет и во мне.

Боже! Как же мне больно. Я сидела в кресле самолёта, и во мне кровоточили все мои душевные раны. Я знала, они заживут, но сколько для этого потребуется времени?..

Денег на билеты мне не хватало. Все наши сбережения за три года работы в Израиле ушли на покупку жилья приехавшим родителям мужа. Наличие в семье ребёнка не волновало ни мужа, ни его родителей, поэтому ребёнок был только моим. У меня оставалось около 800 долларов из того, что было заработано нечеловеческим трудом в отделении гериатрии. Никогда не могла подумать, что, поднимая на себе неподъёмных стариков, по частям теряю здоровье во имя комфорта его родителей.

Оставшись без работы, практически без денег, с полуторагодовалым ребёнком на руках, в чужой поношенной одежде, я спросила тебя, мой нежданный друг: «Что мне делать?» Ты поменял мне доллары, добавил шекелей, а ведь находился в стране только месяц. Ты проводил меня до туристического агентства, был рядом при покупке билетов, купил мне фрукты, заставляя есть и пить, так как меня шатало от слабости и тошнило от голода. Ты посадил меня на автобус и отправил домой. Звонил и спрашивал, как я себя чувствую до самого моего отъезда из страны.

Пять лет моего замужества, пять лет строгого режима – «от звонка до звонка» – не убедили мужа в моей честности. Он всегда не доверял мне. Так как это недоверие стало для меня нормой, оно извратило мне психику. А ты, пообщавшись со мной неделю, понял, кто я и поверил мне сразу. Появился в нужный момент, помог, а самое главное – ничего не попросил и не потребовал взамен.

Если бы не ты, мой дорогой человек, я бы умерла в 29 лет, потому что жизненная сила, вложенная меня Богом, была отобрана мужем. Энергия была выкачана полностью, а жизненный свет был потушен его несогласием на вывоз ребёнка из Израиля в Америку.

Но все-таки мне удалось убежать с дочкой... Только благодаря тебе...

В самолёте я поняла ещё один очень важный жизненный момент. Я, наконец, поняла жену Л.О.Утёсова. В молодости, купаясь в лучах славы, он имел машину и избушку за Москвой, куда заезжал со своей очередной дамочкой. И никогда не мог понять, кто и когда зимой складывал дрова у лесенки. И только овдовев, он узнал, что дрова подвозила жена, чтобы он не замёрз.

Эта история всегда возмущала меня: как же нужно не уважать себя, чтобы так унижаться пред мужем! Но сейчас, в самолёте, я поняла эту женщину. Она просто очень любила своего мужа. Её муж настолько велик и прекрасен, что был достоин этих сложенных у лесенки дров. А те измены были только мелкими недоразумениями в его жизни. Именно мелкими, так как в сравнении с любовью грехи мелки. Любовь – выше грехов и недоразумений. Поэтому она всегда их все и покрывает. Не случайно в нашей жизни всё начинается и заканчивается любовью. Ведь Богом двигала любовь, когда он создавал Вселенную и человечество на Земле.

Я бы тебе тоже подвозила дрова, чтобы ты не замёрз. Как я хочу, чтобы тебе никогда не было холодно в этой жизни, мой дорогой человек. Мне нет разницы, где ты и с кем. Пока я жива, буду просить у Бога здоровья, мира и тепла тебе, твоему дому и всей твоей семье. Сколько живу, столько буду благодарить Бога за то, что послал тебя в мою жизнь на одно мгновение, за которое ты успел спасти меня от беды.

Будь счастлив, мой дорогой человек!

* * *

Когда судьба
вдруг мной распорядилась,
Осталась я пред выбором одна –
Одна в тоннеле тёмном очутилась,
А выход перекрыла мне стена.

Но голос твой, призывно прозвучавший,
Сумел тоннель тот ярко осветить.
А разум твой, дорогу указавший,
Помог мне эту стену проломить.

...Нас разделяют многих стран границы,
Путь перекрыл огромный океан.
Но столько лет мне наша встреча снится,
И нет меж нами больше этих стран!

С кем за столом бы вместе ни сидела,
За чьё здоровье ни пила бы я,
Всегда с тобой лишь
тост поднять хотела –
За нашу встречу, друг мой, за тебя.

Ведь для тебя в моё сердце дверь открыта,
И на столе для тебя всегда накрыто,
За нашу встречу аж до краёв налито,
За нашу встречу, друг мой дорогой!

Октябрь 1995

\- ♫ - ♫ - ♫ -

Скрипка со смычком

К приезду Дины помещение первого этажа дома было в основном уже освобождено от хлама. Правда, холодильник и плита были отключены. Да она в них и не нуждалась, потому что нашла работу посудомойкой в ресторане напротив, через дорогу, и никакой необходимости в приготовлении пищи и хранении продуктов у неё не было. Так что оставалось только всё прочистить и отмыть. Делала это Дина с превеликим удовольствием, поскольку вот оно – самое первое в её жизни отдельное жильё! Ей нужны были только место для ночлега и ванна с горячей водой. Но, кроме этого, у неё была и роскошь: письменный стол, а также зеркало с тумбой и лампой, где она могла наводить марафет.

Жизнь на втором этаже Дину не очень интересовала, потому что всё время, оставшееся помимо работы, она старалась уделять своему двухлетнему сыну, который жил сейчас с её родителями за четыре квартала от неё. Планы на ближайшее будущее у Дины были грандиозные – язык, образование, деньги. И всё это в предельно напряжённом темпе, так как ребёнку, какими бы любвеобильными ни были бабушка с дедушкой, всегда нужна рядом мама.

Но в жизнь на верхних этажах дома Дину всегда любезно и активно приглашали. Там проживал хозяин дома Борис с семьей. Борис был высоким ярким мужчиной с исключительно правильными и строгими чертами лица. Соня – вторая жена Бориса (с первой женой Ольгой он развёлся несколько лет назад) – была располневшей блондинкой с очень большими, грубыми чертами лица, издалека казавшимися приятными, но при приближении отчётливо становились некрасивыми. Она носила платья и халаты, отрезные по талии, ошибочно полагая, что это скрадывает её полноту. Их общий сын Марик был ровесником сына Дины. Проживал там также десятилетний Евгений – Сонин сын от первого брака. Сонина мама, которая иногда приходила в гости, просила Дину подниматься и помогать её дочери с малышом. На это Дине оставалось отвечать лишь ничего не обещающей улыбкой, дабы поддерживать их мирное соседство.

Борис был другом детства отца Дины и поэтому, когда Дина приехала из России в Америку, Борис по просьбе её родителей и предоставил ей этот угол первого этажа своего дома.

На тот период у Дины всё было устроено как нельзя лучше. Работала она за два доллара в час по 12 часов в день в кошерном рыбно-молочном ресторане, что было прекрасно, так как она никогда прежде не видела и не держала доллары в руках. Поскольку ресторан удачно располагался через дорогу от дома, она могла днём, когда наплыва народу в ресторан не было, пойти домой и поспать часа 2–3, чтобы набраться сил перед паломничеством на ужин. Её счастливый сын, окруженный теплом и заботой любимой бабушки, рос со своими двоюродными братьями и сёстрами. И все складывалось как будто неплохо, если бы только не эта жизнь наверху.

Соня улыбалась только губами. А хозяин бывал в своём доме таким добрым и весёлым только при виде Дины или кого-то из её семьи. Снизу

Дина постоянно слышала его строгий и назидательный голос, воспитывающий всех и каждого в своей семье. Когда она заносила деньги за аренду, то видела, что он никого не любит в своей семье, но, несмотря на это, его неродной сын был обязан целовать его каждую ночь перед сном. Зачем только эти отчимы воспитывают пасынков, если не любят их изначально из-за того, что они неродные? Ведь никакое воспитание не сделает кровь своей. Не легче ли просто не замечать их, чем раздражать себя, мучить их и всё окружение рядом? Дине часто приходилось слышать жалобы мальчика маме и горькие бессильные вздохи Сони.

В отличие от дома, жизнь на кухне кошерного ресторана проходила весело. Дина оказалась в окружении официантов – девочек и мальчиков 19–20 лет, студентов колледжей, которые приходили в ресторан немножко заработать. Они флиртовали друг с другом, встречались вне работы, что-то скрывали от чужих ушей, шептались, а главное, были молоды и счастливы. Дина рядом с ними как-то сразу помолодела лет на 10. Естественно, она везде по возможности вставляла свои комментарии, что всегда прибавляло в кухне хохота. Позднее они стали доверять ей, а она им, и у неё появились первые друзья. Но её весёлое настроение менялось сразу после прихода домой.

К Дине обычно спускалась Соня. Она наносила свои визиты до прихода мужа с работы. Спрашивала, почему Дина приехала одна, как она собирается жить, что делать, планирует ли она когда-нибудь менять свою личную жизнь. Дина ничего не скрывала, так как видела, что Соне это нужно знать не из-за любопытства, а потому что её собственная жизнь представлялась ей в тумане. Ей хотелось ясности. Дина и сама совсем недавно так задавала вопросы людям, которые, как ей казалось, имели похожие проблемы. Соня понимала, что ничего плохого о Борисе говорить не имеет права, так как знала об его дружбе с отцом Дины. Ну а Дине хотелось видеть счастье, хотя бы со стороны, за чужими дверьми! Дина часто не давала Соне говорить и перебивала её, восхищаясь её семьёй, этим домом, достатком, счастьем в виде нежного ребёнка-малыша и, конечно, головой её мужа, способного содержать дом и семью самому.

Дина заработала первые деньги и сделала наконец-то свою первую покупку – японский телевизор. Она сидела и смотрела фильм про семейное счастье. В это время спустилась Соня и, не желая мешать Дине, села рядом смотреть семейные сцены. Дина повернулась к ней за впечатлениями, но от неожиданности растерялась. Соня сняла с себя чалму и плакала в неё навзрыд.

– Моя жизнь, как и их, до краёв полна слёз! Это я должна просить прощения у мамы и сыновей. Ты знаешь, как я расстроилась, как испугалась, что родила второго ребёнка!

– Как же, Соня, можно пугаться своих собственных детей, как можно расстраиваться из-за такого счастья?

– У нас не получалась наша жизнь. Ничто не клеилось тогда.

– Зачем же съехались, сблизились, поженились?

– Я надеялась, что всё будет лучше и, кроме того, не хотела жить одна. Жизнь проходит стороной!

– Жизнь проходит и когда живёшь вдвоем. Она проходит в любом случае.

– Я не знала, чем мне заниматься в этой стране.

– А кто вы по специальности?

– Бухгалтер.

– Какая прекрасная профессия для этой страны! Что же может быть лучше, чем за деньги считать деньги людей, к которым они текут рекой! Почему же вы не стали бухгалтером?

– Мне скучно при виде чисел.

– А что вы умеете делать ещё?

– Шить.

– Но это ещё лучше. Можно открыть салон переделки одежды с химчисткой и для этого не нужно даже учиться!

– Меня тошнит, когда стрекочет швейная машинка. У меня заворачиваются глаза, и меня укачивает.

– И поэтому вы решили выйти замуж?

– Да.

– И вы рассчитывали жить за счёт мужа, бесплатно, ничего не делая, а только родив?

– Да.

– Но вы же уже ошиблись в первый раз?!

Дина не знала, почему у неё не получалось задавать вопросы о Борисе, и почему все ответы Сони поворачивались укором к ней. Наверное, потому что сейчас в своей собственной жизни сама Дина спрашивала всё только с себя и, если кого-то терзала, то только себя лично. По ночам её преследовала либо её собственная совесть, либо угрозы бывшего мужа. Её мучили кошмары. В неё стреляли инопланетяне из пистолетов, её кололи штыком в живот, она видела это всё со стороны и не могла понять, где она и почему всё это видит. Она просыпалась в холодном поту и не знала, куда бежать от своей памяти и мук за попустительство к своей судьбе, за наивность, отсутствие знаний, тупой оптимизм и глупую, ни на чем не основанную веру в собственное счастье.

Соня была старше Дины, и у неё уже был десятилетний сын. Дине хотелось спросить её: «Где же ты сама, где инвентаризация собственных ошибок, выводы, уроки? Где твоё стремление кем-то стать, чтобы позволить себе хотя бы что-то в этой стране, которая всем даёт одинаковые возможности?! Где твой собственный кусок хлеба на черный день? Где достаток для ни в чем не повинного сына и старой матери? Что будет с тобой и со всеми вами, если ты опять останешься одна? Куда ты пойдёшь? Почему ты второй раз пошла по тому же пути без страховки и опять сорвалась с той же самой скалы?»

Дина при всём желании не могла сочувствовать ей. В душе она понимала: всё, что происходит в жизни Сони – это закономерный результат её ошибочной жизненной философии. Однако вслух никаких возмущений Дина, разумеется, никогда не высказывала, оставляя Соню с вопросами в голове к самой себе.

* * *

Её друзья, официанты, делились с ней своими секретами. Они рассказывали, что хозяин ресторана не платит им зарплату, и что весь заработок – это только чаевые. Хозяин не разрешал держать чаевые в карманах фартуков, а заставлял скидывать их в коробку около кассы, у которой сам всегда и стоял. Когда был большой наплыв народу, и деньги накапливались в коробке, количество этих денег оставалось одинаковым и никогда не увеличивалось. Ребята работали на совесть, обслуживали клиентов так, чтобы всем нашлось место, и, чтобы ни один клиент не ушёл разочарованным. Физически работники не могли следить ещё и за хозяином. А он всегда успевал перекидывать честно заработанные ими чаевые из общей коробки в свою кассу. Ребята не знали, как его поймать и остановить. Хозяин был удивительно ловким и наглым. Время вне работы он проводил, играя в карты на деньги, никогда не скрывая этого.

* * *

Соня видела, как энергично крутилась Дина, как она работала, не уставая, и как ей не хватало часов в сутках. Дине казалось, что от неё даже шёл ветерок внутренней радости. Она выглядела очень счастливой, и люди не понимали почему. У неё было столько проблем: нелегальное существование, маленький ребёнок, разбитая семья, убогий угол, в котором она жила! Люди не понимали, что причиной её ощущения счастья была свобода, которая и составляла её главное богатство. Мир в голове, покой в душе и отсутствие откачки энергии через скандалы и угрозы давали ей полную внутреннюю гармонию, питали её, давали ей силы – и она шла вперед, не останавливаясь. У неё всё получалось.

Но и для Сони Дина всегда находила время. Соня спускалась к ней, словно шла в другой, тёплый дом, потому что только здесь её слушали и понимали, и она говорила, что находится в своем доме на правах Дины. Ей казалось, что у Дины прав даже больше, чем у неё, а ей дозволены только тряпка, швабра и кухня, а также приобретение продуктов, которые закупались для всей семьи исключительно за её счёт. Дина и вправду хотела ей помочь. Она просила Соню разобраться, почему так происходит, что можно сделать, чтобы исправить её положение.

– Может быть, Соня, вы недостаточно религиозны? Может, вам стоит поглубже уйти в религию, чтобы вызвать его уважение к себе?

– Помилуй, Диночка, а разве я не такая?

– Может вам учиться пойти, а потом на работу?

– Что ты, куда мне с двумя детьми!

* * *

А между тем, приближался первый для Дины Новый год в Америке. Она видела, что ребята, несмотря на свои еврейские корни, все находятся в подготовительной новогодней суете, которая всегда и всех сказочно окрыляет, хоть и ненадолго. Ей было очень печально, что из-за отсутствия друзей эта предновогодняя суета и радость обходят её стороной. И, пытаясь создать праздник на основе подручного материала, она предложила ребятам отпраздновать Новый год в их кошерном ресторане, но только в ночь с 30 на 31 декабря, как бы это комично ни звучало. Их первая реакция была не только отрицательной, но даже и брезгливой. Кто-то из них осуждающе спросил её: «Что, тётя Дина, у вас своих друзей нет?!» На это Дина честно ответила, что, кроме них, друзей у неё в Америке нет. Да и как они у неё могут быть, если она всего-то в стране три месяца, а всё, что она видит – это кухня. Такая откровенность приятно польстила её друзьям и обезоружила их. Они почувствовали себя немного ответственными за неё и мягкосердечно сказали, что если Дина сумеет уговорить на это дело хозяина, то они помогут ей с подготовкой и останутся на праздник.

Дина потёрла ладони и сказала: «Считайте, что дельце сделано!» – она знала способы общения с жадными хамами.

Ныть хозяину она стала за три недели до Нового года. Жаловаться на то, какая отвратительная у неё жизнь, как скучно и однообразно живут эти дети вокруг неё, что совершенно нет праздников, да и вообще никакие положительные эмоции практически ниоткуда не поступают. Вот, например, праздник Новый год опять пройдёт мимо, вместо того чтобы принести радость.

– *Ат мешуга*?[1] В кошерном ресторане Новый год! Хочешь, чтобы *ашгихи*[2] меня закрыли – и я остался без бизнеса?

– Ты сам сумасшедший! Всё что ты умеешь – это судить обо всех по себе. Сам подумай, зачем нам это. Если ты без работы, то и мы все без работы. Как нам может быть это выгодно? Никто и не

---

[1] *Сумасшедшая?*(иврит)

[2] *Проверяющие* (иврит)

узнает, что мы тут праздновали. Мы отметим в ночь с 30 на 31, потому что в ночь с 31 на 1 все разбредутся по компаниям и по семьям. Мы сами всё вымоем, сделаем небольшой закусон за твои, естественно, деньги, так как ты босс – ты нас приглашаешь и угощаешь. И не вздумай собирать с нас за это. Если у тебя эти мысли зажигаются в голове, то налей на них воды, чтобы они даже и не дымились. Ты опустишь железную занавеску и закроешь ресторан. Остальное – за нами. Ты же тоже ещё молодой, неужели тебе не хочется побеситься? Ты у нас здесь будешь диджеем.

Глаза у него загорелись, он улыбнулся и сказал: «*Беседер*»[1]. На следующий день они его отправили в магазин за новогодними украшениями...

* * *

– Вчера он опять воспитывал Женю, – говорила Соня, – Он что-то ему внушал, объяснял и очень кричал. Мне всё это очень не понравилось, и когда я поспешила наверх посмотреть, что случилось, он уже кричал ему в лицо и тряс моего Женьку. Когда я стала его останавливать, он ударил и меня.

И она опять стала рыдать. Позже, немного успокоившись, сказала, что он пронизывающе смотрит на неё и спрашивает, где её деньги, которые она якобы от него прячет. И что ей ничего и никогда не удастся от него скрыть, потому что он видит её насквозь – все её намерения и мысли. Но

[1] *Хорошо* (иврит)

он пока, к счастью, молчит насчёт того, что она разговаривает с Диной.

– Не волнуйтесь, Соня, общение со мной он вам не запретит... Скажите, Соня, Боря никогда вам не рассказывал, когда вы встречались, почему он развёлся со своей первой женой? Мой папа был его другом и был в шоке, когда узнал про развод. Он говорит, что Ольга – женщина со всеми достоинствами. Они были красивой парой и очень любили друг друга. Их брак казался неразлучным, поскольку вдвоем они представляли собой дуэт одного звука, одного инструмента из двух частей, скажем, скрипки со смычком.

– Нет, он никогда не рассказывал об этом.

– А почему вы сами его не спрашивали?

– Я боялась его потерять. Я опасалась ошибиться во второй раз. Это ведь очень ответственный шаг! Я собирала информацию о нём от раббаев, к которым ходила. Все они благословляли нас на этот брак. Ручались за него. Как не поверить таким людям!

– Вы боялись его потерять? Соня! Нельзя потерять то, что не имеешь. А он не рассказывал вам про свои обиды на прежнюю семью, на своих детей? По какой причине он их всех оставил? Что же, черт возьми, произошло?

– Нет, не рассказывал.

– Это всё очень важно знать. Даже если бы он и врал, вы бы видели, как он смотрит вам в глаза. Да и смотрит ли.

– Раббаи приветствовали наше решение.

– Он уходил к вам и оставлял в прошлой жизни троих людей. Почему вас не насторожил этот факт? Зачем вы ходили к раббаям? Чтобы переложить на них ответственность, сняв её с себя?

Жить-то приходится самой. Я думаю, Соня, не к раббаям нужно было обращаться, не к раббаям.

– Не к раббаям, а к кому же?

–...?...?

– Нужно было к жене его первой идти! К жене! А я дура, ходила к...

* * *

...Ресторан был вымыт и закрыт с центрального входа, столики приготовлены для всей компании, состоящей из 20 человек. Девочки привели своих бойфрендов. Повара испанцы Имануил и Ауба, работник кухни афганец Абдул и хозяин Саймон решили в этот вечер быть без жён. Дина и официанты Мишел и Моше были без пар за неимением таковых. Играла мягкая музыка. Дина диктовала девочкам фанты, которые они переводили на английский, записывая каждый по отдельным карточкам.

Шеф-повар Ауба должен был взять три яйца, положить их на пол, сесть рядом и прокукарекать 15 раз, как петух. Он отказывался, стесняясь. Но девочки неутомимо переводили ему требования Дины:

– Если ты хочешь смеяться, то ты должен смешить и сам.

Он сидел и послушно кукарекал под счёт окружающей толпы.

Рыжая и конопатая израильтянка Мишел должна была вслух при всех громко признаваться отцу пятерых детей Абдулу в своей к нему любви. Абдул пробовал завязать отношения с каждой женщиной в ресторане. И каждая ему отказывала. Несмотря на неприятности отказов, он периодически продолжал проверять или отказ окончательный. А тут вдруг сама Мишель вслух стала объясняться ему в любви. Она громко и красиво рассказывала всем о своих высоких к нему чувствах. Абдул абсолютно серьёзно, горько, безнадежно и разочарованно, по-мусульмански с обидой опустив глаза, причитал: «*Ю лаяр! Ю лаяр!*»[1]

Дина должна была сесть на стул и вместе со стулом прыгать 10 раз. Она добросовестно прыгала.

Сёстры, Лена и Юна, вытянули фанты-танцы. Заиграла восточная музыка, и девочки, одна красивее другой, закружились синхронными движениями в танце живота. Хозяин не выдержал, открыл кассу, взял доллары и стал осыпать ими девочек. Бойфренды девочек гордились своими половинками – своими будущими жёнами.

Но вот, наконец, на столе остался последний фант. Это был фант босса. По причине собственной лени он не хотел подняться со стула и попросил девочек зачитать ему текст. Он должен был лечь на пол и в таком положении орать во всё горло: «Спасите, помогите!» 25 раз, но на английский девочки ему перевели – «Спасибо, помогите».

Он лёг на пол. Брюки на его толстых, коротких ногах по-детски задрались вверх, оголив такие же толстые щиколотки. Все увидели его маленького и толстого, униженного, валяющегося на полу, отвратительного, но всё-таки ужасно смешного с задранными к верху штанами. Наконец-то теперь уже все смотрели на него сверху

---

[1] *Ты обманщица! Ты обманщица!* (англ)

вниз, когда он начал орать свои слова по сценарию что было сил. Все окружили его и хором считали, чтобы он не уменьшил счёт и на этот раз.

Он останавливался, так как сам захлёбывался смехом и закрывал лицо руками. Но толпа неутомимо продолжала считать, давясь от истерического смеха. Если бы какой-нибудь посторонний с улицы случайно зашёл в эту минуту к ним и увидел происходящее, то, наверное, вызвал бы службу 911 не только для босса, но и для каждого стоящего в этом помещении. И по какому провидению именно ему, всеобщему мучителю, достался этот фант, а не другой, Дине было непонятно. Слишком много было странных и весёлых совпадений в ту ночь, когда все они «оторвались» как следует. Около четырёх часов ночи все расселись по машинам и разъехались по домам.

А на следующую, настоящую новогоднюю ночь, внезапно раздобрившийся Саймон вынес в зал шампанское и вместе с официантами угощал всех присутствующих в зале бесплатно. И работникам кухни тоже досталось, но, правда, после всех. Дина с испанцем Имануилом выпили немного и после этого уже больше не могли поймать ни одной тарелки, которые мыли. Они ловили их, а тарелки выскакивали из рук. Они помогали друг другу: она ловила его посуду, а он – её, но ничего не получалось. Когда до них обоих дошло, что это происходит потому, что они оба пьяные, они опять закатились смехом. Официанты смотрели на них осуждающе. Завидовали, наверное, тому, что только им одним опять было так весело! Сами-то были трезвыми.

* * *

...Соня продолжала рассказывать Дине непристойные вещи, а той приходилось все это терпеливо выслушивать. Говорила, что муж обещал ей, что она никогда не добьётся от него алиментов, потому что их брак не зарегистрирован, а значит, он не будет признан законным по еврейским правилам. Муж разговаривал с Соней, всё больше унижая её теперь даже при Дине, абсолютно её не стесняясь. Но Дина больше не в силах была слышать рассказы обо всех издевательствах и видеть унизительные и оскорбительные сцены. Степень её толерантности по отношению ко всяким видам жестокостей к женщине укоротилась после её собственного развода, и однажды Дина сказала Соне с возмущением:

– Вам должно быть стыдно перед своими детьми всё это допускать и терпеть.

* * *

Зимой Дина пошла учить английский в колледж. Училась вечером после работы. Приходила поздно и уже не слышала и не видела никого наверху.

Пришла весна. Дина, как ей казалось, обнаглела, и уже два доллара в час ей было недостаточно. Она просила увеличения зарплаты и была готова делать более сложную работу. Она смогла получить в распоряжение витрину и начала печь торты по рецептам ресторана. Какая красота! Было всё: шприцы, формы, кульки, пудинги, фростинги, пищевые краски, шоколад, сливки, орехи. Её торты-красавчики «слизывали» с витрины, и дети поднимали рёв, если мамы отказывались их покупать.

* * *

Началась жара. В кухне была душегубка. Вся вареная, Дина пришла к себе, искупалась и, накрывшись только простынкой, легла замертво в надежде уснуть. Когда сознание стало отключаться и медленно переходить в сон, она вдруг услышала крик из телевизора: «Помогите, спасите!», исходивший из телевизора, шум бьющейся посуды и детский плач. «Вот мерзавцы, – подумала Дина, – опять перебили сон, не могли телевизор выключить!» Она вскочила и, вдруг, ошеломленная, сказала себе: «Нет! Это не телевизор, это же – Сонин голос! О Господи! Это же Соня кричит и зовёт о помощи!»

Дина вскочила и помчалась по лестнице вверх. Через мгновение вспомнила, что на ней нет одежды. Спустилась к себе, наскоро оделась и снова рванула вверх.

На полу была разбитая посуда, у Сони кровоточила рука, по полу по осколкам разбитой посуды ползал малыш.

– Он убежал к себе наверх. Деньги я от него прячу! Как тебе это нравится?! – в слезах и истерике кричала Соня.

И уже шёпотом, с полными ужаса глазами произнесла:

– Диночка, он убьет меня!

«Ну да, – подумала Дина, – вполне логично, довольно реально и очень возможно, потому что убийство – это то, чем обычно заканчивается развязка. Десять месяцев назад Дина сама взялась за нож, когда её благоверный признался ей, что никогда не оставит её, не даст согласие на развод, не будет делить ребёнка, и что они будут жить вместе только потому, что он так решил. А нежелание Дины и её невозможность проживать вместе ему были неинтересны. Ему было безразлично, что его облик стал вызывать у Дины рвоту. Дина взялась за нож, потому что понимала, что кто-то из них двоих сейчас должен был уйти. Убить его она не могла, потому что он остался бы лежать, продолжая вызывать в ней тошноту. И она решила убить себя, перерезав себе вены. Она схватилась за нож в словесной перепалке. Он в перепуге подскочил сзади и стал разжимать её локти, чтобы она не смогла этого сделать. Вытащил из её рук этот нож, а так же, забрав все ножи из дома, он убежал, только после этого поняв, что она не шутит, и что их совместная жизнь действительно невозможна».

Дина знала, что Борис не мог сказать Соне вслух напрямую: «Уходи!», а своим поведением и отношением выгонял Соню из своего дома. Соня наивно принимала его поведение за грубость и злой характер. И, чтобы избежать развязки, Дина молча, указывая Соне рукой на дверь, только губами прошептала:

– Уходите, уходите сейчас же, собирайте детей, берите такси и уезжайте к матери в Лонг-Айленд!

И Соня немедля послушалась её совета...

* * *

С этого дня сон Дины больше никто не беспокоил. В доме воцарилась мёртвая тишина.

А через месяц Дина стала слышать подолгу заливающийся женский смех. Когда занесла Борису деньги, она познакомилась с его первой женой Ольгой, которую он всё время веселил. Можно сказать, что с этого времени в жизни Дины абсолютно всё потекло ровным руслом, и жизнь наверху больше не тревожила её, как прежде, при Соне, своими противоречиями, прорывавшимися Сониными слезами и откровениями.

Более того, Дине стало приятно приходить домой. Она всегда любила находиться в ауре любящих и ценящих друг друга людей. В тылу любви чувствуешь себя достойно, ограждённой от бед, в полном покое и гармонии с собой. Любовь невозможно играть долго. Если её нет, то всегда проглядывает какое-то напряжение, раздражение, прослушивается если не нервозность, то обязательно фальшь. А в пространстве искренней любви всё существо Дины начинало резонировать с вибрациями этого чувства и обретало единое с ним дыхание. Любовь, даже если она не твоя, а чья-то, пусть того, кто рядом с тобой, все равно наполняет счастьем, радует и продлевает жизнь.

Трудно поверить, но Борис, еще недавно срывающий зло на Соне, превратился в ангела рядом со своей первой женой, которую он теперь заново открыл для себя. Она же, в отличие от него, всё знала с самого начала, с того страшного дня, когда он от неё уходил. В течение всех лет после развода страдала, мучилась и тосковала по нему каждый прожитый день. Эти страдания разрушили ей здоровье. Она не говорила ему, что чем чаще встречалась с мужчинами, тем больше понимала, что для неё второй брак невозможен. Им она накажет, прежде всего, себя, и, конечно, будет несладко тем, кто окажется рядом...

Они жили весело и радостно. Было трудно определить, кто же из них всё-таки главный и кто вращает это колесо юмора в их семье. Они фехтовались остротами, анекдотами и по очереди закатывались смехом, особенно при виде посторонних. Они оба были одним совершенным организмом, воплощением единства. Вдвоём они проживали одну жизнь – красивую, счастливую, полноценную.

Он, как смычок, делающий волшебной свою скрипку, повелевал ей рыдать и смеяться, терпеливо выносить ужасы мук, страсти и любви. Его любви...

* * *

Была похожа жизнь на сладкий сон,
Когда Смычок прикладывался к Скрипке.
Смычок со Скрипкой пели в унисон,
Рождая в душах радость и улыбки.

Они любили музыкой одной
И музыкой одной они смеялись.
А что от Бога чудо им дано,
По глупости своей совсем не знали.

Увы, не знали Скрипка со Смычком,
Что их роднит
волшебное мгновенье,
Что на двоих у них одно плечо
И на двоих одно прикосновенье.

...Ненужным хламом сыпались на пол
Любви их фотографии, открытки.
Смычок наш предал Скрипку –
он ушёл,
Найдя себе легко другую скрипку.

И пробовал Смычок играть на ней,
Но получались режущие звуки.
Пытался, но не смог назвать своей –
Он умирал с ней каждый день от скуки.

Страдал от фальши, мучаясь, Смычок:
«Где ты, моя единственная Скрипка?
Не знал я, что люблю так горячо,
Не знал я, что люблю тебя так пылко!»

Года летели, дни сменяли дни.
На круглом шаре бродит жизнь по кругу...
Любовь мудрей людей и лучше них –
Она толкнула души их друг к другу.

Опять похожа жизнь на сладкий сон.
Да, лишь когда смычок рождён для скрипки,
Поют Смычок со Скрипкой в унисон,
Всё остальное ненадёжно, зыбко.

И мы с тобой как Скрипка со Смычком,
И нас роднит волшебное мгновенье.
Есть на двоих у нас одно плечо
И на двоих – одно прикосновенье.

Апрель 1996

- ♫ - ♫ - ♫

Oscar 75

Возьми акварель

Возьми акварель и раскрась мою жизнь –
Пусть будет она разноцветной.
Ты только уверенней кисти держи,
Поскольку я стану заметной.

Ты розовым цветом раскрась небеса,
Как в дальнем безоблачном детстве, –
И алые вновь поплывут паруса,
И белые – в мирном соседстве.

Любовь и удачу, дебют и успех
Ты выкраси цветом поярче,
А мой заразительный длительный смех –
Оранжевым цветом, помарче.

И солнышко будет над нами сиять,
Играя своими лучами,
Мир будет в гармонии счастья сверкать –
Весна навсегда будет с нами.

И пусть голубой остаётся мечта,
Пусть будет она даже синей.
Ну, сам посмотри, как сильна красота,
Коль краски в руках у мужчины!

Возьми акварель и раскрась мою жизнь.
Я знаю, что ты это можешь:
Захочешь – мазком одним всё возродишь,
Захочешь – и всё уничтожишь.

Ноябрь 1994

- ♫ - ♫ - ♫ -

Мираж

Спутанным узлом душевных ран
Жизнь давила тяжестью плиты,
Но перед глазами сквозь туман,
Как виденье, появился ты.

Ничего как будто не сказал,
Нежностью своей и теплотой
Ты мне этот узел развязал
И весь мир заполнил красотой.

А в судьбе моей ты всё же был
И, возможно, сам того не знал,
Что саму себя мне подарил.
Ты рожденье новое мне дал!

Думала – душа моя мертва,
Что в ней солнце больше не взойдёт.
Нет, неправда – я ещё жива!
Слышишь, как душа моя поёт?

Если ты мираж, не исчезай,
Если лёд, пожалуйста, не тай.
Ты меня сейчас не оставляй,
Верою наполниться мне дай.

29 ноября 1996

- ♫ - ♫ - ♫ -

Разбитая мечта

Я повернула круто
Наш разговор последний –
И, чувствую,
вдруг будто
Исчезло всё бесследно.

Красивое начало –
Всё так прекрасно было:
Ведь я тогда не знала,
Что я уже любила.

Я знаю, что не поздно,
Что всем была б довольна.
Но это невозможно –
И потому так больно.

Стоит твоя лошадка,
Застывшая на взлёте.
...Мечты, хоть вы и шатки,
Но за собой зовёте...

Ты понял всё как надо:
Мне вряд ли хватит силы,
Чтоб снова – как награда –
Ты был со мною, милый.

Нет, песне той не спеться,
Так пусть живет надежда,
Что есть на свете сердце,
Что любит меня нежно.

1995

- ♫ - ♫ - ♫ -

Дымка

Мне обстановка незнакома,
Но ни к чему сейчас слова.
В твоих руках я невесома,
Слегка в тумане голова.

В глазах твоих я вижу море –
Гладь после летнего дождя.
В них нет ни радости, ни горя,
В них только отражаюсь я.

И вот несёт меня теченье,
Опасности в нем только нет –
Я верю,
что оно спасенье
От пережитых мною бед.

О, как спокойно дышит море,
И красотой весь мир объят!
Летают чайки на просторе
И о любви своей кричат.

На дне покоятся ракушки.
И как их много – посмотри!
Разбросан жемчуг, как игрушки,
Переливаясь изнутри...

Вот успокоилось теченье –
Картину поглотила ночь,
Ко мне приходят сновиденья,
Усталость прогоняя прочь...

Рассвет обычный
непривычно
Нас поражает красотой.
Как вся природа гармонична
В часы,
когда ты вновь со мной!

Ласкает свет листвы макушки,
В судьбе моей лишь
света нет...
Тебе спасибо за ракушки –
Я подарила их волне.

Декабрь 1996

- ♫ - ♫ - ♫ -

Зачем?

Зачем ты играешь моею душой?
Зачем я с тобой,
когда ты не со мной?
Зачем без тебя тяжело так дышать?
Зачем мне так сильно и больно страдать?

Опять приближается длинная ночь.
Из мыслей своих не прогнать тебя прочь.
Быть может мне лучше тебя отпустить?..
Что лучше, что нет –
как мне это решить?

Я в море печали хочу утонуть,
Глоточек бы воздуха только вдохнуть.
Приходы твои как волна за волной –
Сомкнуться они над моей головой...

А может, лишь в руки себя надо взять,
Упрямо
всё то, что случилось, принять,
И, коль уж в тебя влюблена горячо,
Привыкнуть к судьбе своей –
что же ещё?

Привыкну к тебе я, к порядку вещей,
К сводящей с ума нежной ласке твоей.
И пусть для тебя не нашла я ключей,
Но есть у меня твой букет из ночей –

Букет вечно свежий.
И тем он хорош,
Что каждый цветок на другой не похож!
И буду букет этот я вспоминать.
Его у меня никому не отнять,

И он не завянет – пусть время идёт!
И пусть оно счастье тебе принесёт:
Чтоб ты полюбил,
чтоб любила тебя
Другая –
но только любила, как я.

Будь счастлив, любимый,
и будь не со мной,
Зажжёт пусть к любви тебя кто-то другой.
А я же останусь в той жизни иной
Молчаньем твоим и твоей тишиной...

Январь 1997

♫ - ♫ - ♫ -

Прости

Ты прости меня за любовь,
От которой сама устала.
Оправдает меня одно –
Ни минуты с тобой не играла.

Ты из тех, кто больше молчит,
Никого не запустит в душу.
Спрятал сердце своё за щит,
Чтоб его никому не разрушить.

Коль захочешь обидеть меня,
Ты не сделаешь этим мне больно.
Ведь люблю за двоих тебя я –
Этим счастьем вполне я довольна.

В твоё сердце вселилась грусть
И пустила ростки мгновенно.
Выбрал ты одинокий путь –
Только путь этот несовершенный.

Да, ты прав – невозможно забыть,
Как жестоко ты был обижен.
Но зачем же бояться жить?
Дай мне быть тебе чуточку ближе.

Ну, позволь разогреть твою кровь,
Дай попробовать
стать желанной.
Лишь одно лекарство –
любовь
Залечить сумеет все раны.

Июнь 1997

- ♫ - ♫ - ♫ -

Улитка

Ты напоминаешь мне улитку.
Тащишь на себе огромный дом.
Вылезти ты делаешь попытку,
Но всё время исчезаешь в нём...

Любит обещать, кто не уверен.
Ты мне ничего не обещал.
Может, потому тебе я верю,
Что ты слов не ветер не бросал.

Пережили мы с тобой немало –
Нам сполна хватило не двоих.
Намекни хотя бы, чтоб я знала,
Как зажечь мне свет в глазах твоих.

Подожди исчезать!
Я хочу тебе сказать:
«Хватит время нам терять –
Можешь ты счастливым стать».

2 Октября 1997

- ♫ - ♫ - ♫ -

Возможно ли?

Возможно ли, второй родившись раз,
Против теченья, мучась, долго плыть,
Чтоб, плавясь от тепла любимых глаз,
Во вред себе твоим дыханьем быть?

А ты, увы, – в плену не у любви,
А ты – в плену у дел и обстоятельств,
Внушая мне, что на путях своих
Устал от клятв, обманов и предательств.

Со мною ты, как будто не со мной.
С тобой всегда мелодия тиши,
Хоть чувствуешь ранимою душой
Всю боль моей израненной души.

Огонь не сможет вечно полыхать,
Коль сам ему ты не даёшь гореть...
Тебе меня так будет не хватать –
Не сможешь эту боль преодолеть!

Мне права не дано тебя судить.
Нет больше сил рыдать и объяснять.
Мне Бог дал чувство, чтоб тебя любить –
И нечего вдобавок тут сказать.

Со мной всё это было в первый раз,
И только ты про то прекрасно знаешь.
Расстанемся мы, знаю я, сейчас –
А ты поймёшь,
когда всё потеряешь.

9 Октября 1997

- ♫ - ♫ - ♫ -

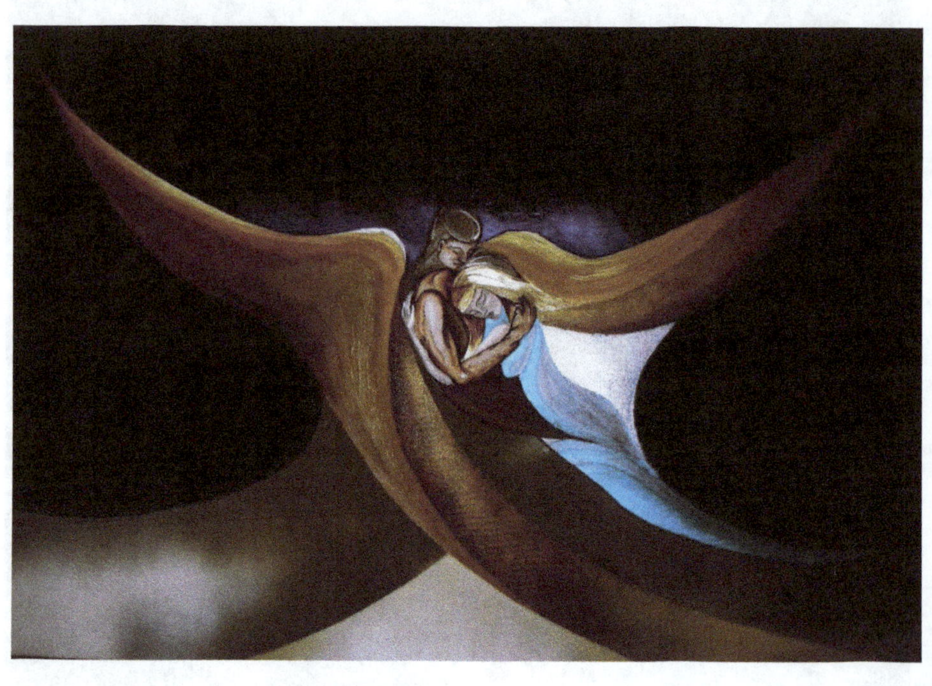

Самый лучший мужчина на свете

Поцелуем тебя разбудила,
Поцелуем и спать уложу.
Ни о чём я тебя не просила,
Только как я тобой дорожу!

В этом полуразрушенном сердце
Для себя ты местечко нашёл.
Отперев мной закрытую дверцу,
В жизнь мою незаметно вошёл.

Растопил льдину
лучик вниманья,
Успокоило солнце
шторма,
Нашептал тёплый ветер признанье –
И весной обратилась зима.

Жизнь взяла своё новое русло –
Две судьбы стали общей судьбой.
В моем сердце,
что билось так грустно,
Ныне – радость, любовь и покой.

Будят мысли меня на рассвете –
Неужели я их не стыжусь?
Самый лучший мужчина на свете –
Тот, которым я молча горжусь.

Январь 2001

- ♫ - ♫ - ♫ -

Ливень

Начиналось всё прекрасно:
Нам светило солнце ясно,
Я боялась верить в счастье,
Я боялась доверять.
    Нас любовь соединяла,
    Всё собою заполняла.
    Всё сбылось, о чем мечтала...
    Только всё не так опять.

Затянуло небо тучей,
Завывает ветер круче,
Град о землю с силой бьётся –
Над судьбой моей смеётся.
    Всё бушует, всё страдает,
    Гром гремит – не замолкает,
    Небо молния стегает,
    Боль моя не затихает.

Мы ещё как будто вместе –
Не допета наша песня.
Но тебе и мне известно:
Пропасть нам не перекрыть.
    Между нами расстоянье –
    Как заклятье с наказаньем.
    Стало нашим состояньем –
    В муках и страданьях жить.

Снова туча налетает,
Снова молния сверкает,
Ветер гнёт деревья вниз.
Погоди же, оглянись!
    Ветер воет и несётся.
    Счастье больше не вернётся.
    Гром – опять всё задрожало...
    Как же всё вернуть с начала?

...Сливаясь в бурные потоки,
По улицам бежит вода...
Но как найти её истоки?
Кто мне покажет путь туда?

2006

- ♫ - ♫ - ♫ -

Позднее признанье

Предчувствую: финал уж близок.
И, оказавшись я одна,
Составила короткий список
Того, что выполнить должна.

Года летят – им нет возврата.
Жизнь не бурлит в моей крови.
Но я хочу перед закатом
Признаться в тайной к Вам любви.

Хочу признаться, что в далёком
Счастливом детстве, встретив Вас,
Я знала:
на пути нелегком
Пришёл ко мне счастливый час.

Всё существо моё заполнив,
Любовь мне яркий свет зажгла.
Мечту мою
Бог не исполнил,
Но с ней всю жизнь я прожила.

Жила я верно с нелюбимым,
Растили мы своих детей...
Каким казался мне счастливым
Мир светлых грез любви моей!

Вы жили, не подозревая,
Что мне давали силы жить.
А я – все муки принимая,
Чтоб безответно Вас любить.

...Уносят дни мои желанья,
Давно уж молодость прошла,
Но в список дел
своё признанье
Я первым номером внесла...

Ноябрь 2011

- ♫ - ♫ - ♫ -

НА ДОРОГЕ ЖИЗНИ

...И в щедрых потоках восторга,
И под благодарные оды
Я всё же кого-то отторгла,
Воспев совершенство природы!

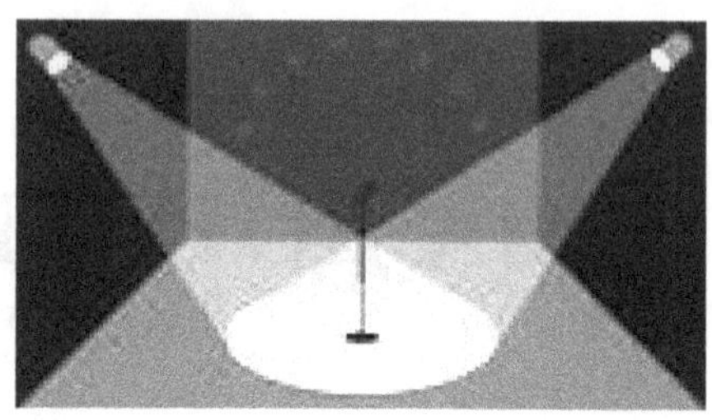

О, сцена!

Как долго ждала я этой минуты!
Ну, вот и пришел он, божественный час.
Совсем не волнуюсь я почему-то,
Я счастлива видеть сегодня всех вас.

О, сцена, ты снишься мне с детства –
Прожектора луч золотой.
Всей жизнью рождённые песни
Тебе посвящаю, о слушатель мой!

Мой путь был суров и даже опасен,
Но он был мне нужен, чтоб силу набрать.
Но разве сегодняшний день не прекрасен,
Коль он повелел мне пред вами стоять?!

Я вам благодарна, друзья, за доверье,
Что время нашли вы меня посетить!
А я подарю вам своё откровенье
О том, как умею страдать и любить.

5 Октября 1997

- ♫ - ♫ - ♫ -

Звук

О звук! Что может быть важнее,
Проникновенней и честней.
Ты побуждаешь быть сильнее
И рисковать, и быть смелей.

Ты мозг и сердце заполняешь,
Ты держишь надо мною власть,
Фальшивить мне не позволяешь.
Насыщусь ли тобою всласть?

Я, в звуки погружаясь с детства,
К созвучью голосов стремлюсь –
Всем
мир гармонии по средствам.
Беззвучья – вот чего боюсь!

Ищу гармонии с любимым,
Ищу гармонии с людьми.
Мой поиск непоколебимый,
Звук, поддержи и не сломи!

- ♫ - ♫ - ♫ -

Дорога

Снова я, склонившись над кроваткой,
Созерцаю нежный детский лик.
Спит ребёнок безмятежно сладко,
Я ж давлю в душе молящий крик.

Ты прости меня за этот выбор –
Мне его из жизни не стереть.
Так жжет душу за тебя обида,
Что от боли мама стала петь!

Жизнь твоя мою перевернула,
Я тебе хотела много дать,
Всё, что камнем вниз меня тянуло,
Вовремя успела разорвать.

Страх переборов, собрав все силы,
Я просила Господа помочь –
И следы нам ночь надёжно скрыла,
Помогла бежать из ада прочь!

Зло над нами больше не во власти,
Долгий серый дождь из слёз утих.
Нужно разорвать себя на части,
Чтоб всё в жизни сделать за двоих!

Ну, и пусть придется трудно дальше,
Но не будем мы друг другу лгать,
Мы свою найдём дорогу к счастью –
Нам никто не сможет помешать!

2005

- ♫ - ♫ - ♫ -

To my Daughter

Forgive me for being
So hard on you,
You were always so smart,
I didn't know that you don't understand.

Forgive me for losing
My temper with you.
You are my first child
And I didn't know any better.

Forgive me for being
A perfectionist with you,
No one was ever happy with me.
I was trying to show you where
I was looking for love.

Forgive me for not saying
That I love you more often,
And let me tell you that
I am who I am today only because
I love you.

- ♫ - ♫ - ♫ -

На бар мицву

Ты, сын мой, – у важной межи!
Что это за праздник –
бар-мицва?
Ответ, как пойдет твоя жизнь,
Теперь на тебя лишь ложится.

Два ангела Зла и Добра
Теперь на твои сядут плечи.
Решать самому уж пора,
Чьи слушать советы и речи.

Послушаешь ангела Зла –
Попасть тебе в сети дурмана.
Жизнь станет тебе не мила –
Знай, короток путь у обмана.

Пойдёшь по дороге Добра –
Добро, что дарил,
возвратится:
Все блага, преграды поправ,
Рекой к тебе будут стремиться.

Мы с папой тебя на пути
Поддержим, советом поможем.
Смелее, сыночек, иди,
Но будь на пути осторожен.

- ♫ - ♫ - ♫ -

Посвящение родителям

Что значат для меня мои родители,
Те, кто для жизни – главный мне пример,
Священные хозяева обители,
Всё отдающие, любящие без мер?

Вы ради нас пошли на все лишения,
Которые ничто не возместит.
Вы терпите обиды, унижения,
Надеясь – Бог обидчиков простит.

В плену мы
меж учебой и работами,
Умеем свое сердце обмануть:
О, как горды мы важными заботами –
Важней, чем на родителей взглянуть!

А старость так ужасно, так безжалостно
Меняет людям лица и тела!
Ты пощади родителей, пожалуйста –
Тех, с кем я всё стерпела и смогла.

Но не отнимет старость обаяния,
Ей доброты огонь не затушить.
Она – не возраст,
старость – состояние
Болезненной, измученной души.

Родителей любовь,
как солнце, греет нас,
Даёт нам силы жить и побеждать...
С годами всё нужней
свет добрых ваших глаз,
Глаз, не способных лгать и предавать!

1999

- ♫ - ♫ - ♫ -

Глазами Некталова

(Посвящение 400-му номеру газеты The Bukharian Times)

Глаза свои на миг закрою –
И вновь – мой первый здешний день,
И снова что-то беспокоит,
И снова – чувства долга тень...

Я, пролетев почти полсвета,
Привез заветную мечту –
Иметь в Америке газету,
Где всё всегда – начистоту,

Чтоб мы смогли в стране свободной
Общины корни сохранить:
Сберечь брильянт души народной,
Наследье дедов не забыть!

...Смотрю и радуюсь сегодня,
Как выросло моё дитя.
Оно Всевышнему угодно –
Вот почему его хотят.

Покуда кровь течёт по жилам,
Бороться буду и творить.
Лишь дольше бы хватало силы,
Родной общине послужить!

- ♫ - ♫ - ♫ -

Эдуарду Катанову

В его сатире не бывает опечатки,
Живет во взгляде колкий огонёк,
Его перо – боксёрские перчатки,
В словах подтекст, а в подписи – намёк.

Вся жизнь его не из наивной сказки –
Она сплошной мятущийся поток.
Не следовал ни в чем чужой подсказке –
Вращал он сам судьбы калейдоскоп.

И,
признан на карьерной пирамиде,
Смотрел он вниз с огромной высоты.
Но, чтобы сыновей живыми видеть,
Сошёл,
когда сбывались все мечты.

В Америке чуть было не сломился –
Здесь подвели ближайшие друзья.
За это он здоровьем расплатился,
Но не запачкал собственного я.

Когда стесняла грудь его одежда,
И было больно от обид дышать,
Вдруг осветила путь ему ***надежда***,
И помогла подняться и начать...

Я не хочу вас утомлять стихами,
Спасательный бросаю всем я круг –
Цепляйтесь за него двумя руками:
Надежда – это самый верный друг!

1996

- ♫ - ♫ - ♫ -

Эдуарду Калантарову

Молодого рассмешит и старого
И чарует музыкой своей...
Голос Эдуарда Калантарова
Продолжает собирать друзей.

Подожди, остановись, мгновение –
Снова слышу я аккордеон...
Узнаю, без всякого сомнения:
Так играть способен только он!

В чём секрет таланта заключается?
Разве чудо выразишь в словах?!
Радость встречи с Вами
не кончается,
Оставаясь навсегда в сердцах.

Эдуард, Эдуард, Эдуард!
В этот зал все сегодня спешат –
Вам спасибо за песни сказать
И всех благ от души пожелать.

Июнь 1997

- ♫ - ♫ - ♫ -

Me and You

I am looking for the only friend
Who can be loyal to the end,
Who never lies and doesn't play,
Who's glad to help with no delay.

Who can be serious and funny,
Who knows how to take care of money,
Whose heart is sensitive and kind,
Who can accept my pretty child.

Proportions give me sexy look.
I play the piano, sing and cook.
With me your life will not be tough,
I'm going to make you smile and laugh.

To you, whose soul's pure like a dove,
I'll give support, respect and love.
Like you, I'll be a gentle friend
Who will be loyal to the end.

For each problem we'll think twice –
Key to all is compromise.
One plus one is more than two,
Two together – me and you.

March 2000

- ♫ - ♫ - ♫ -

Разговор с моей душой

Зачем судьба мне посылает
Тех, с кем ужиться не могу?
Меня так часто заставляют
Вести нечестную игру!

Душа моя, тебе комфортно,
Когда ты, как цветок, растёшь.
Когда в гармонии аккордной,
Молчать не в силах,
ты поёшь,

Когда ты в красоте природы,
Бесследно растворилась вся,
Когда даёт несмело всходы
На радость всем любовь моя.

Когда та пухлая ручонка
Опять покоится в моей,
И ты слита с душой ребёнка,
Ты любишь жизнь
ещё сильней.

А если те,
кого не чту я,
Сжечь норовят живьем меня,
Выходишь,
гордо протестуя,
Неповрежденной из огня...

О, сколько раз меня пытались
Сжечь, задушить и растоптать!
Ты никому не позволяла
Победу эту пировать.

Ты одиночества боишься,
А душу близкую найдя,
Затем от боли ты томишься,
Ей равнодушья не простя...

Мне виден смысл
в твоих терзаньях,
В ударах вечных по тебе:
За годы обрела я знанье,
Что жизнь –
путь от себя к себе!

Март 2009

- ♫ - ♫ - ♫ -

Зависть

Тебя коробят все мои удачи,
И ранит даже малый мой успех.
Ты от моей удачи горько плачешь –
И становлюсь я ненавистней всех.

Свою ущербность явно ощущая,
Ты пораженье молча признаёшь.
А зависть ты улыбкой прикрываешь,
Просвечиваясь злобою насквозь.

Но злость твоя меня не напрягает –
Всю жизнь мне с нею рядышком идти.
Страдания твои мне помогают
Понять, что я на правильном пути.

Твои мученья часто ощущая,
Не причинять тебе стараюсь боль.
Не приближаться я к тебе пытаюсь –
Мне не сродни твоя двойная роль.

Тебе счастливой зависть быть мешает,
Не позволяет мне тебя любить.
Быть может ты, себя превозмогая,
Всё же решишься
свет любви включить?

- ♫ - ♫ - ♫ -

Подарю я вам

Подарю я вам звёзды небесные
И таинственность яркой луны,
Мир, в котором просторы чудесные
Добротой и мечтами полны.

Подарю вам красоты рассветные
И хрустальную свежесть росы,
Теплоту долгожданную летнюю
И раскаты вечерней грозы.

Подарю ароматы цветения,
Чистый воздух зелёных полей,
Поцелуя любви наслаждение
И поддержку надёжных друзей.

Пусть проходят года быстротечные,
В жизнь вплетая дождливые дни,
Вам –
моё пожеланье сердечное:
Сохраните подарки мои!

- ♫ - ♫ - ♫ -

Черный паук

Время, как чёрный лохматый паук,
Вяжет судьбы паутину.
Где обозначится связанный круг,
Тот, что закончит картину?

Мне не спуститься по ниточке вниз,
Вверх мне уже не подняться.
Узким становится риска карниз –
Легче не сопротивляться.

Где вы, веселье, радость, задор,
Затеи, дела, кутерьма,
Чистой наивности, дерзости вздор
И негодований шторма?..

Позже мечтался мне жизни покой –
Всё дальше он день ото дня.
Счастья мгновенье
тройною ценой
Вновь плату берет у меня.

Гордыню упрямую
как победить?
Как зло от людей
наказать?
Как несправедливости остановить?
А истину как доказать?

Счастье, доколе тебе суждено
Всю жизнь со мной в прятки играть?
Не видя изъянов, мне жить не дано.
Дано лишь –
про это писать...

Декабрь 2011

- ♫ - ♫ - ♫ -

Ненужные люди

Есть вещи, которые мне не нужны,
Уже отслужившие службу.
Бывает, храню их, как лучик весны,
Бывает, дарю их по дружбе.

Есть люди, которые мне не нужны,
Хоть нет по харизме им равных.
Мои недостатки всегда им важны –
По ним рассуждают о главном.

Зачем мне, скажите, такие нужны,
Кто знают – всегда они правы,
И те, кому все непременно должны,
Те, чья благодарность – расправа?!

С грехами своими нетрудно им жить –
Хотя те грехи неподъёмны.
Удобнее им про мои говорить
Своим языком неуёмным.

Мне жить с ними в мире – подобно войне.
Пусть Бог меня с ними рассудит.
Лишь вы, с кем тепло, –
вы лишь дороги мне,
и жду я вас,
слышите, люди?!

2007

- ♫ - ♫ - ♫ -

Спасибо

Спасибо, папа, – говорю, –
Что никогда ты не был рядом
И фотокарточку мою
Сейчас ласкаешь тёплым взглядом,

Что детство сладкое моё
Прошло, наполнено покоем
И от тебя защищено –
Твоих басмаческих устоев,

Что слишком рано, молодой,
Я беззащитной жить устала,
«Отец, спасибо, дорогой!» –
Так никогда и не сказала.

Меня не видел и не знал –
Но жил,
в том никогда не каясь.
Ты многим детям жизни дал,
От жизней этих удаляясь.

Мы встретились с тобой лишь раз.
Не говоря мне комплиментов,
Со смехом вёл ты свой рассказ,
Как прятался от алиментов.

Ты через 40 лет звонишь,
Со мною жаждая общенья,
И говоришь, что плохо спишь...
Я не даю тебе прощенья!

...Как много на земле людей,
Живущих бесполезно долго –
Без боли за своих детей,
Свободными от чувства долга!..

Декабрь 2010

- ♫ - ♫ - ♫ -

11 сентября 2001

Четыре года ни строки –
Блокировало душу
От ран, обид и от тоски.
Но снова слёзы душат...

Манхэттен в ужасе застыл,
Но стонут небоскрёбы!
Зловонный запах, пепел, дым –
Как плата за свободу.

Проигнорировали рак –
И вот уж метастазы...
Печь! Пламя! Ад!!! И на глазах
Густеет мгла заразы!

Не в состоянии принять
Измученный рассудок,
Как смог всё в мире поменять
Взбесившийся ублюдок.

Покрыла землю злая тень,
И стало меньше света.
...Я удивляюсь каждый день,
Что вертится планета.

- ♫ - ♫ - ♫ -

Летний дождь в Нью-Йорке

А тучи всё не собираются...
Как изнурительна жара!
В груди от боли сердце мается
Под солнцем с самого утра.

Прохладу, ветер, негу свежести –
Всё прибрала к рукам жара,
Окутав город в неизбежности...
Теперь вершить –
 её пора!

И, неприступная, глумливая,
Горячим воздухом дышать
Велит злодейка молчаливая –
Не хочет пытку прекращать.

Несправедливость ту жестокую
Стерпеть не в силах ураган.
Он свою душу одинокую
Вскрыл, закричав, как хулиган.

Он распорол всё небо поровну,
Стал тучи молнией разить
И смог жару, как добрый молодец,
Дождя лавиною залить.

Даря нам щедро ливень нежности,
Смыл пыль с деревьев и дорог –
И обрели мы негу свежести:
Прохладу, влагу, ветерок.

Боль отпустила сердце бедное,
На улицах – души покой!
И настроение победное
Вновь оживило
город мой!

Июль 2012

- ♫ - ♫ - ♫ -

На водном мотоцикле

Себя я ощутила птицей,
Парящей гордо в небесах,
Хозяйкой моря и царицей,
Когда летела на волнах.

Мотор мой, скорость набирая,
Будил азартно тишину.
В лицо бил ветер, посылая
С собой бодрящую волну.

Легко, послушно, со стремленьем
Несла вперёд меня вода.
Восторг свободы, удивленье
Влекли вперёд, как никогда.

Забыв все шквалы, штормы, бури –
Своей могучей силы суть,
По полю сказочной лазури
Мне океан открыл свой путь.

А под водой – живые краски,
Просвечен солнцем мир морской.
Гостеприимно, без опаски
Впустил меня он в свой покой.

Вокруг коралловые рифы,
И рыбы стаями плывут.
В реальность
превратились мифы –
Гармония
здесь наяву!

А выше, где земли поверхность,
Не ладят люди меж собой.
Там беззаконие, бесчестность
С резьнёй-пальбой наперебой.

Увы, мы к этому привыкли –
Мне слышен совести укор...
О счастья миг –
на мотоцикле,
Я мчусь себе наперекор!

Август 2011

- ♫ - ♫ - ♫ -

В джунглях

Кто по чёрному бархату ночи
Разбросал серебро в небесах?
Сказку мне наяву напророчил,
Что таится в бразильских лесах?

Древо с древом, как братья, сплотились,
И скрестились ладони листвы –
И надёжно меня защитили
От палящего солнца жары.

Непрерывно поют,
днём и ночью,
Птицы, звери, деревья, кусты,
Словно лес рассказать что-то хочет
Об истоках своей красоты.

Амазонка ласкает прохладой,
Наполняя озёра, течёт.
Солнца розовый диск, как награда,
Над рекой в дымке утра встаёт.

Люди, спрятавшиеся от стресса
В этих райских бразильских лесах,
Поменяли удобства прогресса
На покой и блаженство в сердцах...

2010

- ♫ - ♫ - ♫ -

СМЕХ СКВОЗЬ СЛЕЗЫ

Когда тебе не отшвырнуть
Обид – детей маразма,
Не лучше ль слёзы завернуть
В обёртку из сарказма?

И только так, мой друг, не грех
На тот маразм взглянуть –
Пусть он рождает только смех,
Не в силах нас согнуть...

Маникюр

Слёзы катились от страха, что коленный сустав раздуло навсегда. Стоя под душем, я смотрела и не могла поверить, что это моя нога. Вместо того чтобы пойти к врачу, я продолжала ходить на работу в ресторан и мыть тарелки. Нагрузка на ноги увеличивалась, поэтому вода перешла теперь на голеностоп и полностью изуродовала ногу. Очень не верилось, что мне в 29 лет уже нужно, как мужчине, прятать ноги под брюки и навсегда забыть о красивой обуви, мини-юбках и коротких платьях.

Я боялась услышать правду от врачей, но понимала, что работу, которая калечит ноги, нужно прекращать. Чем заниматься без языка и документов, я не могла предположить. Все работы требовали нагрузки на ноги. «Маникюр! – посоветовала мне мама – Работа сидячая». «Маникюр, так маникюр», – ответила я. Идти учиться этому ремеслу к своим знакомым совсем не хотелось. Выбрала незнакомую мне китайскую школу маникюра *Кристиан Нэил Скул* в Манхэттене, на 42 улице.

Кристиан Нэил Скул

Первое, что бросилось в глаза при входе в школу, – это длинная, крутая, почти под прямым углом, лестница, ведущая с первого этажа на второй, где находилась школа. С первого и до последнего дня я предпочитала пользоваться лифтом, поскольку испытывала ужас при мысли о том, что на любом её уровне легко оступиться, слететь вниз и разбиться.

Второе – это плакат почти на всю стенку, от пола до потолка, висевший напротив лифта, с изображением молодой красивой китайской женщины с её ещё более красивым маникюром, встречавшей и смотревшей с улыбкой на всех, выходящих из лифта людей. Как мне объяснили позднее, это была профессиональная китайская фотомодель, супруга нашего учителя по дизайну.

Не успела я выйти из лифта и перевести глаза с плаката, как со мной стали, улыбаясь, кланяясь до самой земли, здороваться удивительно похожие друг на друга многочисленные члены китайского коллектива школы. Ко мне тут же подошли два учителя. После поклона они взяли меня с обеих сторон под руки и повели в зал знакомиться с директором. Женщина с широким плоским лицом, значительно уступающая по возрасту и внешности даме на плакате, взяла меня за руку и представилась своим коротким китайским именем: «Мисс Су!» Я улыбалась, оттого что мне казалось известным окончание её короткой фамилии, имеющее классический русский корень. Су подала мне бумаги для регистрации в школу, а её муж принёс необходимые инструменты, учебник с вопросником для тестов на лайсенс (лицензию), кисточки и краски для дизайна, а также кисть руки, сделанную из зелёной резиновой перчатки, наполненной мукой с наклеенными на каждый палец пластмассовыми ногтями. Она сообщила, что школа не только безукоризненно готовит к экзаменам, но и обеспечивает работой всех своих выпускников. В заключение Су сообщила мне цену всех удовольствий, которые мне предстоит получить за три месяца обучения: две тысячи долларов. После её последних слов моя нижняя челюсть отскочила от верхней, и я обнаружила себя у лифта. Су с её супругом меня вернули на стул и сказали, что совсем необязательно выплачивать всю сумму сразу, и что они могут предоставить мне кредит.

Не внешний лоск школы и её местонахождение вернули меня, а их обещание обеспечить меня работой. Я пришла в школу в ближайший понедельник и расплатилась сразу же, как и подобало типичной гражданке из Советского Союза, не привыкшей жить в долг и пользоваться кредитом. И с этой минуты со мной в школе больше никто не здоровался, на меня никто не обращал никакого внимания, а ещё через день меня просто забыли. Никаких уроков, лекций, инструкций. Я терпеливо ждала, тем временем стала расспрашивать студентов, чтобы понять, как происходит обучение, и что же, в конце концов, стоило там две тысячи долларов. Они ответили, что, если у тебя есть учебник, то ты сама должна приходить и читать, отвечать на вопросы. А если будут возникать затруднения, то можно получить консультацию у педагогов. Я также узнала, что муж модели постоянно отсутствует по причине поиска работы. Не оплакивать мне хотелось свои потерянные кровно заработанные мытьём посуды деньги, а также и изуродованные этим трудом ноги, а разбомбить эту школу до первого этажа. Две тысячи долларов из заработанных шести за девять месяцев стоячего труда я сама отдала людям, которые законно их у меня выманили обещаниями в условиях искусственного – только для этой цели созданного – лоска. Моя очень близкая подруга сообщила мне, что лицензия на работу маникюрщицы ей обошлась в 300 долларов.

После очередного разговора со студентами, дождавшись Су и её супруга в классной комнате, я взяла свой учебник и со всей злостью, которая уже переполнила меня за неделю потерянного в школе времени, швырнула его в самый дальний угол класса, а затем, продолжая глядеть на супружескую чету, – шариковую ручку. Вслед полетел и вопросник. И на своём девятимесячном английском языке я «родила» директору на очень высоких тонах речь о том, что посажу её в тюрьму и, пока не увижу за решёткой, не успокоюсь. Я кричала, что честно заработала свои деньги, а они с мужем их отобрали у меня обманом. Я возмущалась с такой нетерпимостью и обидой, что, глядя на их перекошенные лица и широко раскрывшиеся – незадолго до того постоянно узкие – глаза, поняла, что мой сигнал достиг цели.

Уходить я не собиралась, да и куда себя девать в этой бесполезной школе тоже не знала. Я просто сидела, тупо глядя в пространство. Но перемены произошли уже через 10 минут.

У меня появился мой личный репетитор по практике, которого волновало всегда только одно: понимаю ли я его требования, хорошо ли его слышу. Однажды, когда школа была закрыта по причине опоздания человека с ключами, открывавшего её каждое утро, учитель начал занятия на первом этаже школы, прямо под лестницей у лифта, на полу. И в течение трёх месяцев моей подготовкой занимались все учителя школы, так как все знали меня лично. А если случалось, что кто-то из них отсутствовал, то Су покупала пиццу на всю школу, дабы по-мирному закрыть мой рот и уже больше никогда не слышать извергающихся из него речей. Тест по теории я сдала с первого раза. Электронный словарь здорово сэкономил моё время по поиску незнакомых терминов. 30 зачётов по маникюру и 16 по педикюру в школе, а также – всем соседям, кто бесплатно соглашался доверить мне свои руки, – всё это помогло мне с первого раза сдать экзамен и по практике. Школа не обманула меня и предоставила работу в маникюрном салоне Манхэттена, к востоку от Центрального Парка.

Джеки

Люди маленького роста говорят, что я высокая, люди высокие говорят, что я среднего роста. Но никогда никто не называет меня маленькой. Так вот хозяйка моего салона Джеки Ли ростом была ровно вполовину меньше меня. Я была очарована её широко раскрытыми, по-корейски раскосыми глазами за очками на красивом – гладком белоснежном – лице. Волосы темно коричневые, аккуратно, гладко собранные в пучок. Красивые женщины, но не зацикленные на своей красоте, а совершенно свободные от неё всегда вызывали во мне уважение. Красивая, но свободная от собственной красоты женщина не тратит времени зря на ненужные декоративные моменты по уходу за своим фасадом. Она прекрасно знает, когда и перед кем ей нужно предстать во всей красе. И, как правило, всегда стреляет в десятку и выигрывает любую игру. Но это происходит тогда, когда нужно исключительно ей. Всё остальное время она трудится и что-то создаёт.

Джеки встретила меня в белом халате с улыбкой. Но в эти гостеприимные улыбки я уже больше не верила, тем более что платить здесь должны были мне, а не я кому-то. Она показала мне мой столик, и я положила в него свой чемоданчик с инструментами. Запирать ничего не стала, зная, что кроме Джеки и меня в салоне никого нет.

Её приятно удивило, что я сдала экзамены с первого раза. Обрадовал её также и факт, что я, как и она, одна воспитываю дочку. Только её чадо училось в средней школе и было лет на девять старше моего. Она не поверила, что я, как и она, пришла в маникюр из ресторана. И тоже по причине страшной усталости. Джеки, как и я, окончила *Кристиан Неил Скул* под руководством Су. Общаться с ней было легко, и мы общались в перерывах между клиентами, а иногда и работая с клиентами. Но жизнь Джеки до ресторана, в котором она была хозяйкой, меня не только удивила, но и полностью перевернула моё мировоззрение.

Священным делом в большинстве традиционных корейских семей по сей день считается японская спортивная борьба конфу. Джеки родилась в очень богатой семье, о которой никогда не любила много рассказывать. Конфу владела в совершенстве. Она влюбилась рано. Любили друг друга, как говорила Джеки, *ту мачи*[1]. Зная, что родители брак не одобрят, сбежала с любимым, даже не попрощавшись с ними. Как она проникла в Америку, Джеки не посчитала интересным выносить на обсуждение.

Мужа она приревновала, но после развода поняла, что зря. Хоть была неправа, но на попятную

[1] *Очень сильно* (англ)

не шла, ни ради любви, ни ради сохранения в доме отца для ребёнка. Она совершала ошибки, но никогда не смотрела назад и никогда о них не жалела. Родила дочку, Даяну. Бывший муж об этом ничего не знал и не знает до сих пор. Без проблем Джеки устроилась на работу в полицию обучать полицейских секретам конфу. Полицейские уважали и чтили её как учителя. Ребёнок ей мешал – не до него было. Отправила младенца через знакомых к родителям в Корею, позвонив им и солгав, что это дочка её подруги, которая скоропостижно скончалась. Когда родители получили ребёнка, они отзвонили обратно, спросив Джеки, а где же отец ребёнка. Джеки, долго не думая, ответила, что отец скончался вместе с матерью.

Она ввязывалась в драки, пытаясь перевоспитать безумцев. Она стояла на своём и никогда ничего не боялась. Она говорила, что страх – помеха победе. Каждый раз, когда нужно было драться, она шла умирать, глядя врагу прямо в глаза... Рослые мужчины, что были в 3–4 раза больше неё по весу, не выдерживали её бесстрашного натиска и, видя в её холодных глазах свою смерть, пускались бежать. Никогда в жизни мне не посылала судьба бесстрашных людей. Я никогда не знала, как выглядит смелый мужчина. А тут судьба послала мне бесстрашную женщину.

– Джеки, – не унималась я, – неужели тебе всё равно, сколько человек в толпе перед тобой?

– Как правило, толпа – это стадо послушных овец. А у любого стада есть свой пастух или босс. Когда я выхожу против толпы, я всегда ищу глазами или зову босса. Мне не приходится долго ждать. Он сразу показывается. Стоит только его одного взять за горло, как от толпы ничего не остаётся... Если люди не понимают, что неправы, кто-то должен это исправить.

– Почему ты считаешь, что исправлять должна именно ты?

– Потому что я знаю как. Конфу передаёт это искусство из поколения в поколение. Я чувствую на себе ответственность за исправление и обучение людей. Всех: и плохих и хороших. Ведь ты же не знаешь, как исправлять и воспитывать взрослых людей?

– Нет, я не знаю. А если твоя дочка не захочет этим заниматься, что ты сделаешь?

– Не на ней ученье начиналось и не на ней закончится. Кто она такая, чтобы остановить традицию целой династии. Сама Даяна вместе со своими желаниями нещадно мала по сравнению с культурой учения всего нашего рода. Для Даяны нести традицию семьи – это честь и гордость, и никакого другого выбора у неё нет.

И кто знает, сколько бы продолжались победные бои Джеки, если бы не пуля, однажды просвистевшая у неё над ухом. Подруги по службе и по квартире спросили Джеки: «Если бы эта пуля застряла в твоей голове, что бы было с твоей дочкой? Кто о ней станет беспокоиться после твоей смерти?» Джеки не знала что ответить. Она искала ответ, но не находила. Нашла позднее. Ответ был короткий. Ответом был страх, неожиданно поселившийся в её голове вместе с этим вопросом. Она ушла с любимой работы в полиции, потому что стала бояться драк, в результате которых дочка могла остаться сиротой.

Ей пришлось открыть ресторан корейской кухни с самыми высокими ценами. Джеки была воспитана не показывать свои чувства, а так же не говорить о них. В ней сидел тот, чисто мужской тип сильного характера, который заставлял её делать, а не рассуждать... Раны, ссадины, усталость, депрессия, обиды – позорные и недостойные для неё вещи. Я знаю семьи, работающие в ресторанном бизнесе, и мужчин, которые вели этот бизнес денно и нощно. Физически они не выдерживали этот нечеловеческий каторжный труд. Изнурительная усталость вынуждала их уходить из этого тяжелого бизнеса. Каким образом Джеки удавалось вести этот бизнес, мне представляется смутно. Ей очень хотелось поскорее забрать дочку и жить с ней. Но вести ресторан – это ночная жизнь, не подходящая по режиму для маленького ребёнка. Так Джеки размышляла, закрывая ночью ресторан, когда вдруг какой-то афроамериканский парень зашёл к ней в офис, отключил провода компьютера, взял его с собой и уже направился к выходу.

– Сынок, положи на место, – вежливо попросила Джеки. Положи, сынок, иначе мама разозлится.

– *F... you!* – неожиданно услышала Джеки в ответ и удивленно вскинула брови. Она сняла очки и, отойдя немного назад, дав себе дистанцию для разбега, прыгнула и со всей силой пяткой расписалась на его смешивающейся с темнотой физиономии. Он рухнул вместе с компьютером. Она подняла компьютер, подсоединила систему, а затем чисто механически по привычке позвонила своим ребятам в полицию. Они приехали, оформили бумаги по словам их уважаемой и любимой учительницы мисс Ли, а затем и забрали с собой это валяющееся на полу дерьмо.

После того случая все рестораны вокруг стали звать Джеки на помощь, когда их приходили грабить халявщики. И со временем её район стал самым образцовым по безопасности в округе. Туда, где раз побывала Джеки, больше никто никогда не заглядывал. Все знали, что получат – мало не покажется. Боялись.

Джеки, проработав ещё годик, подкопила денег и пошла учиться в *Кристиан Неил Скул* с тем, чтобы открыть свой собственный маникюрный салон.

Она не догадалась купить электронный словарь и за каждым словом, губительно теряя время, лезла в бумажный. Она злилась оттого, что ей всегда катастрофически не хватало времени. Ведь у неё было всего три месяца, а она ещё не перевела и четверть учебной книги. Джеки сидела, корпела над вопросником и всё время страшно нервничала. Боялась, что не сдаст экзамен – и приезд дочери опять придётся отложить. Ей было стыдно, стыдно по-корейски! А потому она приходила к открытию школы и уходила с её закрытием.

И вот однажды, сидя в классе напротив центральной комнаты и занимаясь переводом, Джеки услышала страшный визг и писк девочек-студенток. Она подняла голову и увидела, что какой-то грязный и вонючий бомж вошёл в центральную комнату, расстегнул ширинку, вытащил из брюк своё могучее, конского размера, мужское достоинство и начал им, как колоколом, размахивать вправо и влево, передвигаясь по центральному залу школы. В зал были открыты три двери – две из классов и одна из хранилища. Так что бомжа было видно всем и отовсюду. Девочки-студентки, увидев такое зрелище, в панике, с криками, визгами и писками, ныряли кто куда. Падали стулья, столы.

Восток ведь, как мы знаем, – дело тонкое. Многие девочки были ещё не замужем, а некоторые – вообще девственницы. Муж Су, словно истинный девственник, замерз на месте в оторопи. Казалось, он ослеп, оглох и онемел одновременно... Студенты и учителя-мужчины, подобно ему, тоже превратились в восковых фигур. И только одна Джеки сидела себе спокойно и переводила, злясь на бомжа только за то, что он меняет в школе привычный ей порядок. Джеки не видела в бомже никакой опасности и поэтому не отвлекалась от перевода (на тот день самого важного занятия своей жизни).

Панику нарушила Су. В судорогах она пролепетала по-куриному:

– *Ко, ко, ко, ко.... Ко, ко. Ко ко... Кол де полис!!!*[1]

Джеки предчувствовала, что и здесь, как и везде, ей придётся самой всё ставить на свои места.

– *Ол райт, ол райт! Айм хир. Ай эм де полис*[2] – устало проговорила Джеки.

Она сняла очки. Отошла назад, дав себе дистанцию, и пантерой прыгнула к горлу этой глыбы, свалив её, как пустой мешок, на пол. В полицию

---

[1] *Позовите полицию!!!* (англ)

[2] *Хорошо! Хорошо! Я здесь. Я и есть полиция* (англ)

звонить не захотела – не посчитала нужным за неимением времени. Пинками выперла его из зала к лестнице, той самой, с которой я с первого дня так боялась слететь и разбиться. Затем пнула его с этой лестницы кубарем вниз. Вернулась, вымыла руки, села, протёрла очки и опять стала переводить.

Первой из немоты вышла Су со словами восторга, изумления, восхищения, неожиданного удивления:

– Ты такая храбрая, Джеки, и такая маленькая!

Но для Джеки сейчас наиболее важной проблемой являлся перевод книги. И ничто остальное она была не в состоянии ни видеть, ни слышать. Её старания окупили себя. Джеки сдала экзамены, получила право на работу, открыла маникюрный салон и привезла дочку из Кореи.

* * *

Несмотря на всю уникальность этой женщины, я ушла от неё, как только постигла все секреты её ремесла. Её школа была самой суровой из всех, которые я проходила в жизни. Она не топила зимой и всегда советовала теплее одеваться. Она не покупала ватных шариков для снятия лака, а сушила грязные, выворачивала их наизнанку и использовала опять. Точно так же – и бумажные полотенца. Стерилизации не было никакой, но при этом были горячие полотенца. Однажды, открыв свой чемоданчик, хранившийся в моём столике, я не обнаружила в нем половины инструментов, включая самые дорогие декоративные кисточки. Зная, кто она такая и что без её контроля и птица не вылетит из гнезда, я не сомневалась, что взяла она. Больше было некому. Её сыгранные невозмутимый вид и удивление, что у меня что-то пропало, полностью перечеркнули всё моё уважение к ней. Теперь она вызывала у меня отвращение. Я работала с десяти утра до восьми вечера. Она платила мне по три доллара в час и всё время давала понять, что отрывает эти деньги от своего самурайского сердца. Своё диктаторство над людьми сама она воспринимала как божью благодать, сошедшую к людям с небес, и требовала благодарности в виде полного послушания.

Когда она однажды со мной перестаралась, я запустила в неё коробкой с инструментами. А было вот что. Позвонила её дочка и попросила меня передать её матери, чтобы та ей перезвонила. Джеки освободилась, и я передала ей просьбу Даяны. Джеки стала звонить и никак не могла дозвониться. Она оставила 15 сообщений. Ругала меня. После каждого звонка в ней нарастала злоба в геометрической прогрессии. Это продолжалось в течение трёх часов подряд. Шли обвинения в том, что я не позвала её сразу, что от меня одни убытки: из-за меня клиентура убывает, платить нечем... Я взяла свою коробку и запустила в неё со словами:

– При чем здесь клиентура, если звонила твоя дочка?!

Она успела присесть, и я, к сожалению, промахнулась... Но, к моему удивлению, мой жест её развеселил:

– Ты такая же сумасшедшая, как и я, расхохотавшись, заключила Джеки. Ты говоришь – моя дочка?

– Ну, если твоя дочка – Даяна!

– О Боже, а я думала Даяна – клиентка!

Она сидела и хохотала, но мне было не до смеха.

– Я тебя не боюсь со всей твоей борьбой и бурной биографией. И запомни следующее. Ты можешь жестоко наказать меня. Ты можешь заставить или вынудить человека определённо поступить. Но ты никогда не сможешь запретить человеку думать и испытывать чувства. Например, ты не можешь запретить мне ненавидеть тебя. Увы, в этом ты бессильна. И ты не сможешь вернуть меня, если я захочу от тебя уйти!

Такой монолог я произнесла.

Мне кажется неслучайным, что Су отправила меня на работу именно к Джеки. Возможно, что мы с Джеки одинаково неравнодушно реагируем на происходящее, и обе чувствуем свою собственную ответственность за то, чтобы что-то изменить. Джеки получила свойство воина с кровью. Меня же воинственностью природа обошла. Я художник, который не выносит диктаторства над собой ни в какой форме. Царапаться, кусаться и бросаться я вынужденно научилась только ради того, чтобы не посягали на моё самоуважение и свободу, без которой я всегда задыхаюсь и медленно умираю. Но любая борьба всегда тяжела мне, поскольку она противоречит моей мирной внутренней сути.

Она стала мягче в отношении меня. Но я поняла, что деньги в маникюре маленькие. Мне же нужно медицинское покрытие на ребёнка, а значит, необходима постоянная работа с зарплатой, а не случайные деньги, зависящие от наплыва клиентов, когда в следствие их долгого отсутствия простаивает бизнес.

Я уходила от Джеки счастливая, со знанием того, что маникюр – не моё и пониманием, что я теперь должна делать. А ещё мне было ясно, что не музыке нужно обучать ребёнка в первую очередь. Сначала ребёнок должен уметь защищать себя – знать, как и почему. А музыка, как лишь вторичный элемент в этой стране, будет ему в помощь, когда ему понадобится восстанавливать свои растраченные силы после тяжёлой трудовой недели.

Спасибо вам за своевременный важный и очень нужный урок, маникюр и Джеки!

* * *

Как долго можно мне работать за копейки?!
Хотя прошел мой день и в дружеском кругу,
Но, чуть живая, я ползу к своей постельке
И ничего себе позволить не могу.

Скакать с подносом меж столов мне надоело.
Свело колени мне – уж это чересчур!
И, сбросив бабочку и фартучек, я смело
Пошла искать себя в салон – на маникюр.

О, маникюр! Ведь ты великое искусство –
Не специальность ты, как принято считать.
И щедро в шкафчик стала падать мне «капуста» –
При этом можно и со стула не вставать.

От тягот жизненных в работе отключаясь,
Я в маникюре наслаждалась, как нигде.
Душой и сердцем я дизайну отдавалась,
Цветам и звёздам на пластмассовом ногте.

С Кореи прибыла сюда моя хозяйка,
Не в состояньи коммунизма их терпеть.
По темпераменту – японка-самурайка,
Всегда готовая за принцип умереть.

Она росточком ну не больше метра с кепкой,
Хрустально хрупкая рюмашка при очках.
Но бизнес держит мертвой хваткой, очень крепко,
В своих красивых, нежных, женственных руках.

Родится девочка в семье Богоеврейской –
Её ведут на музыкальную тропу.
Но если девочка растёт в семье корейской,
Она с рожденья занимается Конфу.

Однажды к нам пришли в салон, когда стемнело
Гостей незваных целых десять человек.
Моя хозяйка поначалу побледнела,
В толпе увидев промелькнувший пистолет.

В своей улыбке она розой распустилась,
Спросила вежливо: «И кто же здесь ваш босс?»
И их толпа в ответ беззвучно расступилась,
Ответив жестом этим на её вопрос.

В глазах от страха у меня аж помутилось:
Скажу вам честно, это был орангутанг.
Тяжёлым грузом я на стул свой опустилась,
Он неотступно шёл на нас, как будто танк.

Она очки свои сняла без замедленья,
И, отойдя назад на несколько шагов,
Преподнесла ему приёмчик заземленья –
И грозный босс их
сразу был готов.

Одним прыжком она в гортань ему вцепилась,
Он с перепугу онемел, как будто пень.
Она на пол это животное свалила,
Поставив ножку по привычке на мордень.

Его ребята, словно раки, врассыпную,
Увидев это, разбежались кто куда,
Ну, а хозяйка-то моя напропалую
К их боссу нежно обращается тогда:

«С тобою, *хани*[1], я хочу договориться,
Уж постарайся всё услышать и понять...»
Он перебил её, не дав договорить ей:
«Мы с этих пор тебя
все будем охранять!»

...Когда гуляем с ней вдвоём мы вниз по стриту,
Они нам кланяются дружно до земли.
Мне говорит моя хозяйка: «Посмотри-ка,
Лишь мы с тобою здесь живём как короли!»

Такое вот в салоне нашем приключилось...
Да, это правда – здесь небезопасно жить.
Но мне ответьте:
почему, что б ни случилось,
Я продолжаю всё равно Нью-Йорк любить?

1995

- ♫ - ♫ - ♫ -

[1] *сладкий* (англ)

Навстречу школе

Тщетны все мои попытки
Не вернуться в школьный дом.
Я готовлюсь к страшной пытке,
Давит горло нервный ком.

Я люблю свою работу –
В музыку вводить детей...
Отбивают всю охоту,
Оставляют без идей,

Мельтешат беззвучно змеи.
Ими этажи кишат.
Толком дела не имеют –
Укусить всё норовят.

Нет работы у лентяев
С высочайшей из зарплат,
Всё уволить угрожают,
Возвышая свой «фасад».

Их священная забота –
Доказать, что ты не прав.
Основная их работа –
Глупый выговор и штраф.

Входят посреди урока,
Пишут, слушают, стоят...
От диктаторства без срока
Не уйдёшь – тебя сгноят.

Разный сок с плодов сочится,
Есть плоды, что я люблю.
Этим детям школа снится –
Ради них террор терплю.

Нету тех у них, кто дома
Их бы ждал и помогал.
Есть одно лишь место – школа,
Где бы каждый не страдал.

Ради них всё то, что знаю,
Без остатка отдаю.
Каждый день я начинаю,
Как сначала, жизнь свою...

От чего я поседела?
Есть другая часть детей:
Кроют матом смачно, смело
Всех своих учителей.

Знают дети слишком рано,
Что имеют все права:
Лжесвидетельствуют рьяно –
Кто подлей, тот голова.

Мама с папой – наркоманы,
Брат с сестрой сидят в тюрьме.
Сам он шарит по карманам –
Уж готов к судьбе во тьме.

А вчера он разозлился,
Под придурка закосил:
Возле стула очутился –
Им в меня и запустил.

Я пантерою присела,
Снизу стул смогла словить
И к нему со стулом смело –
Русским матом отрезвить...

Школа всё ему прощает,
Разрешает и молчит,
Малолетку охраняет,
Пока кто-то не убит...

Кто же крайний в этом деле?
Кто же будет отвечать?
Кто? Учитель! Это тело
В клочья можно изорвать.

Он пускай за всё заплатит,
Пусть в заботах он не спит,
Пусть домой детей прихватит
У-дочери-сынови-т!!!

Мне, тот ужас принимая, –
Мраку противостоять!
Жизнь свою, до тла сжигая,
Безвозвратно отдавать!

Что сказала, то не ново.
Не работа – нервный спазм.
Для защиты –
только слово,
Где насмешка да сарказм.

...Я балладу посвящаю
Несравненной *паблик скул*.
На работу ль возвращаюсь –
Или в море из акул?

Август 2007

- ♫ - ♫ - ♫ -

К сожалению

Тебе известно только одному,
Зачем часы должны остановиться...
Что ж постоянно медлишь?
Почему
Ты не стараешься
потороpиться?

Я, оскорблённая, опять ложусь на бок,
Вновь за желанье испытав стыдливость.
Спасибо за намёк и за урок –
Ты ждал, чтобы ко мне пришла сонливость.

Уж столько лет твержу я об одном –
(Пойми меня – и ты узнаешь чудо!):
«Устала быть твоей Вселенной днём,
А ночью лишь последним – лишним – блюдом».

Ты был вчера храбрее храбреца,
Как чемпион, побил ты все рекорды.
Но только день без яркого конца,
Как песня без финального аккорда.

29 Августа 2010

- ♫ - ♫ - ♫ -

Лимузин

Перед тобою я не устояла,
Ты для меня существовал один.
Любовь для нас, как солнышко, сияла,
Пока не приобрёл ты лимузин.

Ненавижу я твой лимузин,
Этот гадкий и мерзкий бензин.
Ты приходишь домой лишь поспать
И всю ночь ты зовешь чью-то мать.

Приходишь поздно, а уходишь рано,
А я кукую день за днем – одна.
Твой лимузин тебе – родная мама,
Твой друг, гёрлфренд, а может, и жена.

Ненавижу я твой лимузин:
Вечно – тикеты, мерзкий бензин,
Камнем падаешь ты на кровать,
Но во сне – за рулем ты опять.

Увы, недолго счастье наше длилось.
Хотел в деньгах свободнее ты стать –
Любовь у нас о лимузин разбилась,
Когда ты начал стоя засыпать.

Ненавижу я твой лимузин
И любовь предающий бензин!
Я от горя не в силах молчать.
Я готова от горя рыдать!

1996 Декабрь

- ♫ - ♫ - ♫ -

Моя мама

Это было бы совсем несправедливо
Да и, в общем, даже просто некрасиво,
Если в этой своей песенной программе
Не спою я и двух слов о своей маме...

Как же больно, хоть за дело,
ты ругаешь!
Так же страстно оптимизмом заряжаешь,
Чтоб сбылось всё то, о чём ты так мечтала,
Чтоб Анжелочка брильянтиком сверкала.

Сколько юмора в тебе и сколько воли!
И дружить с тобою –
веселей нет доли.
Остаёшься ты всегда гвоздём программы.
Вот такая, мне на счастье, моя мама!

Моя мама, моя мама, моя мама –
Моя шумная бесплатная реклама.
Всю планету разнесёшь ты по клочочку,
Лишь увидели бы люди твою дочку.

Моя мама, моя мама, моя мама –
Ты в одном лице комедия и драма:
«Прекратите, замолчите, ставьте точку!
Посмотрите, ведь на сцене –
моя дочка!»

Сентябрь 1997

- ♫ - ♫ - ♫ -

О, журнал «Надежда»

(К 16-летию журнала «Надежда».
На музыку к песне «Озеро надежды»)

Снова я у ресторана,
Только ноет в сердце рана,
Не найти мне в этой жизни места.
Дни становятся короче,
И без сна длиннее ночи.
Только вот, что будет, неизвестно...

Океан безбрежный всё, как есть, прими!
Пусть никто не понял – ты меня пойми!
Ветерок надежды, чувствую, подул.
Вот идёт сама *Надежда* сесть на этот стул!

Я всё время торопилась,
И, опаздывая, злилась.
Я к деньгам стабильным всё стремилась.
Вроде бы всего добилась,
Только времени лишилась,
Со свободой навсегда простилась.

Океан безбрежный, всё, как есть, прими!
Пусть никто не понял – ты меня пойми!
Ветерок надежды, чувствую, подул.
И уже сама *Надежда* села здесь на стул.

В месте том, где проживаю,
Каждый день до тла сгораю.
Нет довольных, благодарных нету!
Платят там дурной монетой.
Нету веры, счастья, света –
Держит на плаву одна *Надежда*!!!

О, журнал «Надежда», всё, как есть, прими.
Пусть никто не понял – ты меня пойми.
Слышит твой читатель слабый голос мой.
Если ты жива, «Надежда», то и я – с тобой.

2011

- ♫ - ♫ - ♫ -

Капитану «Надежды»

(Поздравление к 70-тилетию.
На музыку к песне «У синего моря»)

Спешите, спешите, спешите –
Событие не пропустите:
Для всех нас семь десятков лет назад
В жизнь пришел наш Эдуард.

И знаю – своим появленьем
Добавил Земле он движенья –
Ведь это так обычно для вождей:
Нет им жизни без людей!

И снова он трубку снимает,
И вновь номера набирает.
Опять приглашает, опять зовёт –
Он друзей с нетерпением ждёт.

Вы долго себя не искали –
«Надеждой» корабль свой назвали...
Пусть не всегда набит его карман,
Предан шхуне капитан.

Куда б ни плыла эта шхуна,
Она Эдуарду трибуна.
Катанов всходит на неё опять,
Чтоб народ свой просвещать.

Катанов, Катанов, Катанов,
Журналов есть в мире не мало,
Но только один, что живёт в бою,
Собирает большую семью.

2009

- ♫ - ♫ - ♫ -

Эпиграммы на членов редакционной коллегии журнала «Надежда»

Чета Катановых

Умна, красива, грациозна –
Само подобие цветка.
Он ей с солидностью серьёзной
Подходит в качестве горшка.

Любовь их равных не имеет,
Они творцы
одной судьбы,
Над ними неизменно реет
Стяг их Единства и Борьбы.

Эдуард Ниязов

В жестоком грязном нашем веке
Есть высшей ценности металл:
Лишь о прекрасном в человеке
Его стихи, его мечта.

На себя

Так сильно с детства чувствую с в о ё,
Что зависти неведомо мне чувство.
Пусть что-то лучше, это не моё –
И мне совсем от лучшего не грустно...

Лариса Аронова

Она в цветах, стихах и в детях
Без колкостей и кулаков.
Всегда в цвету при ярком свете,
Как роза, только без шипов.

Александра Илазарова

Её стихи для всех наука –
Сплошная музыка для слуха!
Красива мысль
и так легка,
Что улетает в облака.

Юзеф Мурдухаев

Лечебны все его советы.
Всегда бывает Юзеф прав,
Поскольку знает все секреты
Целебных свойств, плодов и трав.

Елена Довлатова

Она ужасно много знает,
Но только к месту говорит.
Она собой всё украшает
Пусть даже если и молчит.

Алексей Кайлаков

Когда гормоны половые
Опережают ход мозгов,
Он просит: «Женщины родные,
Не осуждайте мужиков!»

- ♫ - ♫ - ♫ -

Давайте говорить
(пародия)

Давайте восклицать, друг другом восхищаться...
Давайте говорить друг другу комплименты ...
Булат Окуджава

Давайте находить друг в друге лишь плохое,
Чтоб дурачком не слыть счастливым на покое.
Пусть будут побольней критические фразы,
Чтоб огонёк в глазах потух у всех и сразу.

Не тратьте время зря на глупость комплиментов –
Пусть превратятся в боль счастливые моменты,
Пусть близостью сердец недавней и не пахнет,
И нежная любовь пусть поскорей зачахнет,

Коль предрассудки все
столь мудро одолеем,
В своих глазах мы сразу
очень поумнеем.
Давайте будем жить, чтоб
радость вся пропала –
Всё для того, чтоб
жизнь ещё короче стала.

2007

- ♫ - ♫ - ♫ -

Среди женатых

Народ женатый, в основном, прекрасный.
Порядочность, увы, однообразна,
Но меж женатых много столь похожих,
Что незамужним говорят одно и то же.

Они звучат и выглядят серьёзно,
Бывает даже, что религиозны.
Но
выйдут за святого храма стены –
И сразу же планируют измены.

Одни, как музыканты, поэтичны,
Вторые неизменно романтичны.
Играют в очарованных наивно.
До отвращенья трусость их противна.

Наполнились в Америке свободой,
Стараются, шагая в ногу с модой:
Приобретают здесь автомобили –
Вот, дескать, повод,
чтобы их любили.

У третьих нет ни цента за душою,
Но у зеркал любуются собою.
Меняют лица, как актёры маски,
Лишь для стыда не заимели краски.

Как хочется, чтоб сказанные строки
Умерили животные истоки,
И пусть у всех под сенью синагоги
Сольются мысли
о семье и Боге!

Декабрь 1997

- ♫ - ♫ - ♫ -

Рыцарь

Прошла знакомая фигура.
Ну, как её мне не узнать?
Мужская сильная натура –
Взять всё и ничего не дать.

Он мыслит четко: «Я не струшу,
Не дрогнет сильная рука –
Уже израненную душу
Исполосую вновь слегка.

Ну, разве это преступленье?
Что мне за дело до неё?
Я буду врать до посиненья,
Я буду врать,
чтоб взять своё.

К чертям мужское благородство,
Любовь, сочувствие и честь.
Удобно мне моё уродство –
Жестокость, равнодушье, месть.

Нисколько жертвы не жалея,
Я подползу к ней, точно змей,
И в ту, что любит всех сильнее,
Весь яд впущу свой побольней.

И будешь, от страданья корчась,
Ты о пощаде умолять –
А я, ликуя,
стану тотчас
Своё величье ощущать!»

Апрель 1998

- ♫ - ♫ - ♫ -

Поющий соловей

Ой, кто соловьём так красиво поёт,
На миг прерываться не смея?
То просто мужчина, когда предаёт
Любовь свою, что так лелеял.

Любовь, что так долго упорно искал,
Что так по-мужски добивался,
Сегодня в ломбард, как колечко, он сдал
И сам от неё отказался.

«Не слушай, родная, когда вдруг тебе
Сплетут обо мне небылицы!» –
А сам молчаливо сгребал в тишине
Он грязь о ней – век не отмыться!

Приносит любимый всю грязь ту домой –
Всю ночь (где тут ласки с невестой?!)
Он занят угрюмо лишь сплетней одной:
Имело ли всё это место?

Как больно, обидно и как нелегко:
Вас вдруг уж ничто не сближает.
Любимый хоть рядом, но так далеко –
Как птица во мглу,
улетает...

Мужчины! Нам счастья без вас не найти.
Мужчины! Насколько ж прекрасно,
Коль сносите горы вы к нам на пути
В любви своей преданной, страстной!

Когда же послушно, по воле родных,
Предав нас, над нами смеётесь,
Не дооценив дней счастливых своих,
Подумайте,
с кем остаётесь!

2008

- ♫ - ♫ - ♫ -

Объявление Любы Пилосовой

(На музыку к песне «Ах, этот вечер» из фильма «Ах, водевиль, водевиль»)

Вот город как город и люди как люди вокруг,
Но Люба на сцене – и всё изменяется вдруг.
И каждый сидящий имеет к ней свой интерес –
Ведь знает лишь Люба,
как снять напряженье и стресс.

Мы в гонке за долларом жизнь прожигаем свою,
Сражаемся, бьёмся и часто стоим на краю...
Но Люба выходит на сцену среди тишины –
И наши проблемы мы видим с другой стороны...

Америка стала для нас
уже домом родным,
И каждый
к мечте устремился путём в ней своим,
Пути так различны
и все не похожи на сон....
Вниманье на сцену –
для Любы включен микрофон!

2006

♫ - ♫ - ♫ -

УШЕДШИМ В ВЕЧНОСТЬ

Ваши облики, нежные лица,
Что от бед нас могли отвращать,
В звёзд мерцанье смогли превратиться,
Чтобы сверху нам путь освещать.

Исповедь сына

Опять приближается дата,
Опять тяжело вспоминать
О том, как жестоко когда-то
Покинул в беде свою мать.

У нас, у бухарских евреев,
Все любят себя похвалить,
А я вот возьму и посмею
Про боль свою вслух говорить.

Какой была мама красивой!
Про то до сих пор говорят.
Но мама была несчастливой –
Нет, в этом я не виноват:

На мне тяжким грузом, упрямо
Лежала отцова вина.
Хотя и со мной жила мама,
Она оставалась одна.

Я много работал, учился –
О, сколько хотелось успеть!
К тому же, и рано женился.
А мама-то стала болеть...

Хоть не было сердце на месте,
Путёвку я взял отдыхать.
Но путь мой
вдруг кончился вестью:
Ушла в лучший мир моя мать.

Обратно свернув с полдороги,
Я ехал, летел и бежал,
Но, как ни несли меня ноги,
На похороны опоздал.

Грызёт меня, мучает совесть,
Я с нею с тех пор не в ладу.
Не ведаю больше покоя,
Давно я живу, как в аду:

Здоровье моё подкосилось,
Вину мою не искупить.
Ведь мама со мной не простилась –
Как дальше с грехом этим жить?

Нас судьбы мотают по свету,
Но знай, что твой долг тебя ждёт.
Упустишь минуту вот эту –
Всё прежнее будет не в счёт.

В Америке мамы, я знаю,
Стареют не рядом с детьми.
Но, дети, я вас заклинаю:
Сумейте остаться людьми!

1996

- ♫ - ♫ - ♫ -

Ушедшим артистам

Мои любимые артисты,
Дарующие звёздный свет!
С чего оратор тот речистый,
Изрек: «Незаменимых нет!»?

Как только я вопросы жизни,
Взрослея, стала задавать,
Вы помогали глубже мыслить,
Игрой своей мне отвечать....

Вы проживали сотни жизней:
В ролях сгорали – и опять,
Чтоб рано за талант с харизмой
Свою – бесценную – отдать.

Дарили вечное искусство,
Волнуя, будоража кровь.
И я жила с наивным чувством:
«Вы вечны в мире, как любовь».

Но нет, не вечны – вот некролог,
И в нём любимое лицо...
«Ушел, – кричит тот заголовок, –
Кто жил меж мною и творцом».

А вот опять... И вскоре – снова...
Как фактам противостоять?
Нет, не хочу ни слёз,
ни слова,
Что час пришёл
вас провожать.

Должны б любимые артисты
Нам всем на радость жить и жить.
Вы – сцены верные солисты.
Кто сможет ВАС
нам заменить?..

- ♫ - ♫ - ♫ -

Борису Мушееву

Ты для всех был в жизни образцом
Верности, правдивости и чести.
Ты был нежным мужем и отцом,
Ты был людям мудростью известен.

Всем хватало твоего тепла.
Жизнь ты прожил, всем помочь спеша.
Память о тебе всегда светла,
Как светла была твоя душа.

Ты был с нами – нет тебя... и точка.
Опустела без тебя семья.
По тебе скорбят жена и дочка,
Близкие, родные и друзья.

1988

- ♫ - ♫ - ♫ -

Елизавете Рафаиловне Бoруховой

Моей бабушке от имени всех её детей

Нам никого в уходе мамы,
Помимо нас, нельзя винить.
Но ни слезами, ни словами
Её уже не возвратить.

Сама, без мужа, пятерых
Сумела на ноги поставить,
Но каждый из детей родных
Смог в сердце шрам её оставить.

Мы думали, что мама вечно
Со всеми нами будет жить.
Лишь потрясения беспечно
Могли мы в жизнь её вносить.

Не выдержало сердце, лопнув...
В тот роковой и страшный час
Ушла, дверь за собой захлопнув,
Сиротами оставив нас.

Мы столько лет живем, страдая,
Терзаясь этою бедой.
О, как стареть,
скажи, родная,
Нам
с мамой в сердце – м о л о д о й?

2000

- ♫ - ♫ - ♫ -

Содержание

www.ingramcontent.com/pod-product-compliance
Lightning Source LLC
LaVergne TN
LVHW020325230826
846091LV00003B/768

* 9 7 8 0 9 8 2 9 7 5 0 6 0 *